河出文庫

陰陽師とはなにか

被差別の原像を探る

沖浦和光

河出書房新社

陰陽師とはなにか

被差別の原像を探る

◉

目次

陰陽師とはなにか

被差別の原像を探る

第一章　安倍晴明ブームをめぐって

一　陰陽師ブームの実態

安倍晴明と蘆屋道満（『北斎漫画』）

予期しなかった晴明の復活

このところ安倍晴明《あべのせいめい》ブームが続いている。小説・漫画で爆発的な人気となり、映画もヒットした。書店でもその関連のコーナーが設けられ、数多くの解説書とともに『陰陽道叢書《おんみょうどう》』（全四巻、名著出版、一九九一—九三年）に代表される研究書も並んでいる。ノウハウ物を含めれば数十冊は出ているのではないか。二〇〇三年七月から開催された「安倍晴明と陰陽道」展（京都文化博物館）も大変な人出で、予想を上回る盛況だった。

今年（二〇〇四年）は安倍晴明（九二一—一〇〇五）の一千年忌で、それに関連する行事が晴明ゆかりの各地で催された。といっても、ここに掲げた生没年は推定であって、その出生地を含めて、その前半生はよく分からない。生まれた土地や年月日を明らかにする史料は何も残されていない。伝えられている家譜も、辻褄《つじつま》が合わない謎の部分が多いのだ。

その可能性は万に一つもないのだが、さほど世に知られていなかった文人学者で、歴史の底に埋もれていた作品が偶然発掘され、一千年も経ってからその名が突然脚光を浴びることもありうる。

しかし、そういう歴史に残る作品は何も残していない平安期の中級の官人が、ブームを引き起こしたのだ。漫画・小説・映画のヒーローとなり、その名を全く知らなかった若い人たちの人気者になる――そんなことは日本史でもあまり類例がないが、それも安倍晴明が陰陽師《おんみょうじ》という特異な職能の人だったからである。

私は一九二七（昭和二）年の生まれで、敗戦の時は十八歳だった。今では数少なくなった戦前派のひとりである。したがって幼少期は、明治・大正時代に連なる昭和前期の文化と民俗の中で育った。

私など戦前世代には、この安倍晴明ブームは全く意外だった。少年の頃、「陰陽師」の話は周りの古老から聞いたこともなかった。学校のテキストにも出ていなかったし、先生から教えられたこともなかった。だから若い時は、陰陽師についての知識も関心もなかった。

理由は簡単だ。明治維新による近代革命で、民衆を無知蒙昧にとどめおく輩《やから》として、陰陽道を布教することも、陰陽師を名乗ることも法的に禁止されていたからである。維新の大変革で、千余年の歴史がある朝廷の陰陽寮は廃止され、宮中における陰陽道に関わる祭祀儀礼もすべて廃絶された。

「山伏」の名で民衆に親しまれていた修験道《しゅげんどう》にも同様の措置がとられた。明治初年からの神道国教化政策によって神仏混淆が禁じられたが、陰陽師や修験者は由緒もよく分からぬ雑多な神仏を祀る巫術《ふじゅつ》系の信仰とみなされ、民間で布教してはならぬと布告された。

平民とは異なる身分とされた巫術者

このような政府の措置は、民間信仰の領域にも広く及んだ。近世の民衆社会では馴染み深かった陰陽師や山伏をはじめ、諸国を漂泊していた遊行者《ゆぎょう》・遊芸民も、近代化の進展とともにしだいに世間から忘れ去られていった。

近世の民間陰陽師は、家内安全・五穀豊穣《ほうじょう》・商売繁盛の祈願、災いを除去する加持《かじ》祈禱《とう》、日時や方位についての占い、竈祓《かまどばら》い》や地鎮祭などの儀礼、さらには万歳《まんざい》などハレの日の祝福芸で生活していた。簡便な民間暦の製作販売もやっていた。近世も元禄期の頃から、ドサ回りの人形浄瑠璃や歌舞伎へ進出していった陰陽師集落もあった。その集団が近世末には「役者村」と呼ばれるようになった。

陰陽師や山伏の仲間には、民間に伝わった伝統的治療法によって、貧しい人たちの病気治療に従事する者も少なくなかった。祈禱だけでは治らないことはよく承知していたので、本草《ほんぞう》学の知識による漢方治療や鍼灸《しんきゅう》術も併用した。彼らが「巫術」でもって病を治す在野の医者、すなわち「野巫《やぶ》医者」と呼ばれていたのである。

ついでに言っておくと、大道芸をやりながら、啖呵売《たんかばい》で「ガマのアブラ」などの薬を売っていた「香具師《やし》」も禁止された。彼らは「野巫薬師《くすし》」だった。香具師を名乗ることができなくなり、それからは「テキヤ」と呼ばれるようになった。そのいきさつについては、『インドネシアの寅さん』(岩波書店、一九九八年)の第四章で詳しく述べた。

近世の時代では、これらの巫術者・遊行者・遊芸民は、農・工・商と同じ平人(=平民)身分ではなかった。彼らは平人と婚を通じないで、小さな地区に集住していたが、雑種賤民系とみなされていたのであった。彼らは「穢多」「非人」ではなかったが、雑種賤民系とみなされていた。新政府は〈文明開化〉の掛け声とともに、江戸時代からの彼らの職能をすべて禁止して、文明社会から締め出そうとしたのであった。

一八七一(明治四)年八月、穢多・非人の制が廃止された。いわゆる賤民解放令であって、近世の賤民はすべて「身分職業共平民同様タルベキ旨」が公布された。各府県ではそれに応じて、卑賤視されていた「雑種賤民」層も、新しく制定された戸籍制度ではすべて平民籍に編入されることになった。

近世の在地社会では、陰陽師系の布教師・祈禱師は、平人である百姓《ひやくせい》とは異なる身分として、町や村の人別帳でもさまざまの呼称で登記されていた。「院内《いんない》」「宿《しゆく》」「夙《しゆく》」「寺中《じちゆう》」「万歳」「産所《さんじよ》」「算所《さんじよ》」「天社神道陰陽師」などと記載されていたのであった。そのように特殊な職能にある者も、すべて平民となって、今後は巫術系の職業に従事してはならない旨が、新政府の名で布告されたのである。

各府県で出された「巫」禁止令

例えば京都府では、「夙・烟亡《おんぼう》・歴代《れきだい》・産所・巫《かんなぎ》」についても、今後は平民同様たるべき事と告知した。そして、「妖怪ノ言ヲ唱へ、諸人ヲ誑惑《きょうわく》ニ付キ、巫相勤《あいつと》メ候儀ハ堅ク禁止ノ事」と布達した。妖怪な言説を唱えて、人をたぶらかしてはならぬと布告されたのである。この「巫」は、もともとは神に仕えて「神下ろし」をすることであり、「拝み屋」「神子《みこ》さん」などと呼ばれていたが、ここでは呪術的な祈禱や怪しげな卜占《ぼくせん》の術を指していた（「京都府布令」明治四年九月十九日）。

新政府が推し進めている〈文明開化〉路線にそぐわない民間信仰として、これらの職能が槍玉に挙げられたのであった。禁止された職能について簡単に説明しておくと、「夙」は「宿」とも書くが、もともと中世の声聞師《しょうもんじ》に連なる在所だった。それがしだいに職能の呼称となり、猿楽能や万歳などの遊芸と除災招福の加持祈禱をやっていた集団を指すようになった。彼らも広い意味では民間陰陽師の一党であった。「烟亡」は「陰亡」「煙亡」などとも当てられたが、あとでみる「三昧聖《さんまいひじり》」のことで、火葬・埋葬の世話をし、墓守をやった。「歴代」は、土御《つちみ》門《かど》家の支配下にある陰陽師の呼び名だった。

このような巫術系の遊芸民について、当局はさらに徹底的な取り締まりに乗り出した。新政府は「梓巫《あずさみこ》」「市子《いちこ》」「憑《つき》祈禱」「狐下ゲ」などと唱えて、占いや口寄《くちよせ》などをする所業は、「人民ヲ眩惑《げんわく》セシメル」ものであるから一切禁止にする、と各地方官に布達した（教部省第二号、明治六年一月十五日）。

「口寄」とは、巫女《みこ》が霊魂を招き寄せ、その思いを自分の口を通して伝えることである。「梓巫」は、梓弓の弦《つる》をたたいて口寄する巫女である。「市子」も同類であって、神の託宣を告げる「神巫《みこ》」である。青森県恐山《おそれざん》の「イタコ」がよく知られているが、要するに霊界と人間界を媒介して、神下ろしをするシャーマン系の巫術である。

新政府の禁令に応じて、各府県でも同じような布告を出している。例えば群馬県では、県内「一、乞食・非人、二、梓巫・市子、三、瞽女《ごぜ》、四、辻浄瑠璃・祭文読之類《さいもんよみ》」は、県内に立ち回った場合は「順次管外へ放逐」する、と指達している（群馬県県令、明治六年五月九日）。

東京府では、さらに追い打ちをかけるように、これまで大晦日《おおみそか》や初春の風物詩であり、門付《かどづ》けの民俗だった「万歳・厄払ヒ・セキゾロ」なども、すべて「自今《これより》禁止」として厳重に取り締まった（東京府布達、明治九年十二月十八日）。

「秘伝秘事ナドト相唱来リ恥ズベキ次第」

明治維新における宗教政策の大転換に際して、このように巫術系の布教活動は公的には禁止された。禁じられた「巫」の筆頭格として槍玉に挙げられたのが、民間で活躍していた下級の陰陽師だった。

あとでみるようにその源流を遡れば、古代では「巫覡《ふげき》」と呼ばれた集団に行き着く。中世では地方によってさまざまな呼び名が付けられたが、都のある畿内では、「声聞師」

「乞食法師」「散所神人《さんじよじにん》」「犬神人《いぬじにん》」「宿非人」などと呼ばれた。

近世に入ると、「院内」「宿」「夙」「産所」「算所」「寺中」などさまざまの異名で呼ばれるようになった。実際には、中世の民間陰陽師が近世に入ってその業態が多様化するにつれ、その地域の宗教的風土によっていろんな呼称が付けられたのであった。

「院内」「寺中」は、寺の領地内に居住していることであるが、中世の「声聞師」や「乞食法師」が寺の隷属民であったところから付けられた俗称であろう。中世後期の「散所」は、寺社の隷属民が住む在所として知られていたので、少しでも賤視の目を免れるために、近世に入って「産所」「算所」と字を変えたのである。

なぜ新政府は、長い伝統と大きい影響力を持っていたこれらの民間信仰を禁止したのか。先にみたように、新政府が神道を国家宗教とする新政策に踏み切ったからだ。

すなわち、一八六七（慶応三）年の〈王政復古〉の大号令の直後から政教一致の路線を実施し、一八七〇（明治三）年正月には大教宣布の詔が出された。神祇官・太政官制を復活し、古神道の姿に復元すべく〈神仏分離〉の令が発せられたが、それをきっかけに各地で仏堂・仏像・経文などが破棄されていった。いわゆる「廃仏毀釈《きしやく》」である。

この神道国教政策のもとで、近代社格制による神社の格付けがなされた。なぜ神社の「格」が改めて見直されたのか。幕府が法制化していた「宗門人別帳」を廃して、「神社氏子制度」による戸籍制の制定が企てられたからである。

もちろん、陰陽師や修験者がその活動の拠点としていた小祠・淫祠の類は、いかがわしい邪教として社格が与えられなかった。一八七二(明治五)年には神祇省を廃止して教部省を設け、各地方の教導職に対して、「敬神愛国」「天理人道」「皇上奉戴・朝旨遵守」の三カ条の教憲を国民教化の原則として提示した。

そうなってくると、最大の既成宗教だった仏教も存立基盤が危うくなってきた。近世の時代では絶大な影響力を誇っていた仏教各派も、その波に呑み込まれていった。十七世紀中期からの身分制強化のテコとなった「宗門人別帳」制定の際には、仏教各派は権力のお先棒をかついで、文字通りその走狗となった。布教活動は何もしないでも、人民すべてが檀家となるありがたい時代が到来したのだが、その代償として権力批判の牙は抜かれてしまっていたのである。

ましてや、呪術系の雑派宗教とみられていた陰陽師や修験者はひとたまりもなかった。彼らを差配《さはい》し、そこからの「上がり」を財源にしていた公家の諸家は、すぐに新政府の方針に屈してしまった。全国の陰陽師を支配していた土御門家も、「固陋《ころう》ニノミ流レ秘伝秘事ナドト相唱《あいとなえ》来リ恥ズベキ次第ニ御座候」と上申書を提出して、さっさと手を引いてしまった。もはや時代の新しい波に抗することはできなかった。

二　晴明伝説をめぐる虚と実

貧しいダウンタウンで暮らす

私は大阪府北部にある北摂《ほくせつ》山地の箕面《みのお》村で生まれ育ったが、小学校二年生で大阪市内の阿倍野区に転居した。紀州街道沿いのゴミゴミした下町だった。一九二九（昭和四）年の大恐慌をきっかけとした大不況で、父がリストラされて会社勤めをやめた。その日暮らしとなり家賃も払えなくなって、大阪の下町の長屋街に引っ越したのだ。

その日から日常的環境が一変した。明治時代からスラム街として知られている釜ヶ崎に近い地域だった。毎日が同じサイクルの田舎暮らしと違って、子どもの好奇心を駆り立てるものがいろいろあった。薄汚れた装束を身にまとった遊芸民・香具師・世間師・布教師の姿をよく目にした。

この世にはいろいろ裏街道があって、その日暮らしの雑多な仕事をやりながら生きていく人たちがいることを初めて知った。このような幼少期の体験がなかったならば、その人たちの歴史と民俗に深い関心を寄せることは終生なかったかもしれない。

「乞食人《ほかいびと》」とみなされた彼ら遊芸民は、実は異界からやってくる「訪れる神」であると説いたのは折口信夫《おりくちしのぶ》であった。その逆説的な「まれびと」論が発表されたのは、私が生まれる三年前のことであったが、折口もこの界隈《かいわい》で生まれ育って、毎日のように「ほかいびと」を目撃していたのであった。

この下町のすぐ横にある聖天坂の急坂を登ると晴明丘《せいめいがおか》で、そこは打って変わって閑静な住宅街だった。その見晴らしのきく台地にある晴明丘小学校に転校したのだ。

一九三四（昭和九）年の四月に転校したが、その年の九月二十一日、最低気圧九一一ヘクトパスカル、気象観測史上最大といわれた「室戸台風」が大阪を直撃した。朝、登校

安倍晴明神社の境内にある狐の像。森を目指して飛ぶところ。

阿倍野にある安倍晴明神社。晴明ゆかりの五芒星が神殿の両側に見える。

して間もなくだったが、先生に誘導されて鉄筋の講堂にみんな避難した。その途中で吹き飛ばされそうになった。その風圧は今でも体が覚えている。西日本を中心に死者・行方不明者は約三千名だったが、学舎が吹き倒され下敷きになって死んだ児童が多かった。

晴明丘小学校では幸い犠牲者は出なかった。あとから「セイメイさんのおかげで、みな助かったんや」と聞かされた。だが、子どもたちは、そのセイメイさんが誰なのか知らなかった。

今日ではセイメイと言えば、漫画を読む中学生でも知っているが、その頃は世間で話題になることはなかった。そのセイメイが陰陽師の安倍晴明であることに気付いたのは、戦後になってからである。しかし、「あ、そうか、晴明丘という地名は、安倍晴明に由来していたのだな」と、チラっと思い浮かんだにすぎなかった。

そういえば、小学校の前の通りは「晴明通り」だった。そこを西に二百メートルも歩けば、紀州を通って熊野三社に詣でる中世からの熊野街道と交差する。そこに春秋の祭礼の際には大変賑わった「阿倍王子神社」があった。その隣というよりは境内の一隅に、小さな「安倍晴明神社」があった。飛び去ろうとする狐の像があったりして、ちょっとオドロオドロしい雰囲気のある小社だったが、それが何に由来するのか考えたこともなかった。

私は同じ阿倍野区内にある桃山中学校に進んだが、そのあたり一帯が遊び場だった。「阿倍野」という地名も安倍晴明に由来するのかな、と頭に浮かんだこともあったが、その先の歴史、つまり阿倍野の古代史は考えてもみなかった。

昔日の面影がなかった陰陽師村

一九七〇年代に入ってから、中国と韓国、そしてインドと東南アジアを訪れたのをきっかけに、アジアの文化史を中心に、研究の座標軸を組み立てるようになった。その引き金になったのは、高橋貞樹の『特殊部落一千年史』であった。発売直後に発禁となり幻の名著とされていたのだが、戦後の復刻版で読んで心底から衝撃を受けた（更生閣、一九二四年。『被差別部落一千年史』のタイトルで岩波文庫に入っている）。

そのころ作家の野間宏と語り合って、賤民史の視座から改めて日本文化史を見直してみようと構想を立てた。その一環として、日本文化史の周縁の部分というか、底辺の社会で生きてきた諸集団の歴史と民俗を調べるようになった。

それ以来、辺界で生きてきた遊芸民・遊行者・漂泊民の世界をずっと追い続けてきたのだが、彼らも近世の身分制では卑賤視され、あとでみるように明治期に入っても「特殊民」「特殊部落民」の仲間とみなされていた。

一九八〇年代に上梓した『アジアの聖と賤』『日本の聖と賤』全四巻（野間宏と共著、人文書院）でも、それらの「辺界に生きる人びと《マージナル・マン》」の一員として、民間陰陽師についてもそれなりに論じてきた。彼らの在所についてのフィールドワークも人一倍やってきたつもりである。

しかし、そのように「陰陽師」について論じても、現代人の視野からはすでに消え去って、再び蘇ることのない歴史的過去として語ったのであった。「声聞師（唱門師）」「宿（夙）」「院内」「寺中」「役者村」についても言及し、その在所へのフィールドワークも重ねた。しかし、彼ら陰陽師集団の昔日の面影を伝える在所は、北九州のかつての「役者村」の一部と愛知県の三河万歳系の小集落を除いて、ほとんど何も残っていなかった。

陰陽師という言葉は、忘れ去られた「死語」になっていたのだ。それが九〇年代に入って、「活語」として若者たちの間で蘇るとは、考えもしなかった。その点では、内容の虚実はともかくとして、今日の漫画・映画ブームを安倍晴明は草葉の陰で喜んでいるだろう。

ただし、少し先回りして言っておくと、次の二つの視座からアプローチすることだけは避けねばならない。一つは、今日のデジタル思考で代表される近代合理主義の論理でもって、陰陽道本来の呪術性を一刀両断にすることである。もう一つは、珍奇なオカルト現象として、興味本位で陰陽師の秘儀を読み解くことである。

そういう視点から陰陽師の像を描いてみても、それはこの日本も含めて、アジア文化史の大きい伏流水であった「呪術」「巫術」の思想史的な意義とその原像を見損なうことになるだろう。

そのことはまた、民間信仰の領域で下級陰陽師の担った宗教的な役割をとらえ損なうことになる。長い人類の歴史において、アニミズムとシャーマニズムに連なる呪術思想は、きわめて重い意味を内包していたのである。

「陰陽師」は死語になっていた

戦前の時代では、私のように安倍晴明ゆかりの地に住んでいても、「晴明」伝説は語られていなかった。物知りの古老はさておいて、本を読み始めた子どもたちの耳には届いていなかった。

近世の時代では、安倍晴明物語は歌舞伎や人形浄瑠璃として劇化され、広く巷間に知れ渡っていた。盆踊りで唄われる「葛《くず》の葉物語」は子どもの頃に聞いたことがあった。信太《しのだ》の森で自分の命を救ってくれた恩人の夫との間に産まれた愛《いと》し子を残して、森に帰っていかねばならない哀話である。

その「しのだづま」の正体は狐だった。物悲しい節回しで唄われる「葛の葉子別れ」の段は、「化生の者《けしょう》」を産んだ狐の異類婚姻譚として語られていた。そのハイライト場面は、うたた寝をしていてたまたま尻尾が障子に映ったのでその正体が分かり、せめてこの子が十歳になるまでは育ててやりたいのに「ああ、かなわぬ浮き世や」と、嘆き悲しみながら去っていかねばならぬ——そういう生き別れ悲話として唄われていたのであった。

つまり、「子別れ」の段だけが独立して語られ、その童子が大きくなって安倍晴明という有名な陰陽師になる結末の段は、私の記憶にある限りでは語られていなかった。「陰陽師」という言葉そのものがもはや死語になっていたので、晴明が官人陰陽師として出世する段はカットされていたのだ。

陰陽道に関わる呪術的秘儀が、すべて「人知ノ開達《かいたつ》ヲ妨《さまたぐ》ルモノ」と指弾され、国家の法令で陰陽師が生きていく命脈は断たれていたのだ。当然のことながら、陰陽道にまつわる風俗もしだいに衰微していった。特に文明開化の新しい波に乗って「インテリ」と呼ばれた知識階級が増えてくると、西欧文明に心酔していた人たちは、そういうオドロオドロしい習俗には見向きもしなくなった。

周縁の民とされた下層民が営々として築いてきた民俗慣行は、しだいに歴史の闇の中に埋め込まれていった。先にみた維新直後の巫術系遊芸の禁止令も作用して、門付け芸や大道芸なども衰微していく。

しかし、千余年も続いた民俗慣習が、国家の命令とはいえ一朝一夕で消えてなくなるわけはない。次章でみるように、陰陽道に基づく数多くの民間儀礼や民俗行事は、維新後も民衆の間で根強く生き延びた。特に下層の社会では、まだまだその根を張っていた。公家の土御門家によって与えられていた「陰陽師」という冠はなくなったが、その実体はなかなか消滅しなかった。民間陰陽師たちはその看板を塗り替えて、なんとか生き延びていったのであった。

「妖怪ノ言」でもって諸人を「誑惑」させていた陰陽師は、確かに社会の表側では消えていった。だが、太陰暦と呼ばれていた「旧暦」から太陽暦に基づく「新暦」に切り替えられても、大自然の営みの認識体系として奈良朝から取り入れられた「陰陽《いんよう》・五行《ごぎょう》」説は、民俗慣行としてはそのまま生き延びたのである。

近世文化の余影

明治維新は、政治・経済体制だけではなく、社会的価値観や文化習俗の上でも大変革をもたらした。千余年にわたって依拠してきた〈東アジア文明系〉から、一挙に〈西洋文明系〉に軌道転換を図ることによって、「文明開化」「富国強兵」を合言葉に、世界史でもまれな大転換をなしとげた。

それでも私の幼少期には、あちこちにまだ江戸時代の風俗の余影が残っていた。そのかなりの部分は、古代以来のこの列島の基層文化に関連するものであり、その多くは中国大陸や朝鮮半島から渡来した文物・習俗に根ざしたものであった。

もちろん南北三千キロにわたるこの列島では、維新後の〈脱亜入欧〉の新しい風潮が波及するのにかなり時間差があった。したがって、文明開化の先端を行く都市部と、田舎と呼ばれた草深い農山村とではかなり大きい地域差があった。

私が育った一九三〇年代では、同じ都市部でも、いちはやく西洋流の生活モデルを取り入れて立派なお屋敷町に住んでいた富裕なブルジョアと、江戸時代さながらの棟割長屋に住んでいる貧しい庶民とでは、衣食住にも際立った格差があった。

大阪の下町の長屋では、上流市民階級の近代主義的なモラルはほとんど作用せず、近世の時代からの庶民の義理人情がまだ主流だった。長屋のラジオから流れてくるのは、近世の「説経祭文《さいもん》」から転化した「浪花節」と、「万歳」から祝言的要素が抜き取られてコミカルな掛け合いとなった「漫才」だった。

農山村部の中でも、年間の降水量・日照時間、高度差に基づく植生や地質の相違によって、生活様式はかなり異なっていた。例えば大阪府の河内平野の農村部と、そこから数十キロ離れた吉野・熊野の山間部とでは、人びとの生活スタイルも民俗儀礼のあり方も同じではなかった。

戦前の時代に山歩きでしばしば訪れたが、吉野・熊野山系でも辺境の地域に一歩入れば、古くからの狩猟文化の残影があちこちにみられた。平野部の米作農耕文化とは異質な民俗慣習が、息をひそめるようにして残存していた。路傍の小祠・小社も、どことなく異様だった。葛城《かつらぎ》山麓で育った「役行者《えんのぎょうじゃ》」は、この山系で修行を重ねて修験道をひらいた。その説話伝承がずっと語り継がれてきたのもこの奥地だった。

このように明治維新以降でも、日本の文化や民俗は全国的に均質化されたわけではなく、「まだら」模様だった。戦前の風俗が目に見えて消えていったのは、一九六〇年代からの高度成長期に入ってからである。技術革新と社会システムの変貌が巻き起こした第二次〈脱亜入欧〉の波は、十数年で社会の隅々にまで浸透し、日本社会の均質化が始まった。

一九三〇年代の民俗慣行

私の幼少期の頃は、日常的な民俗儀礼の多くは仏教に基づくものであった。だが人生の大きい節目で行われる通過儀礼や季節の変わり目で催される民俗行事は、その表層を剝いでみると、意外に道教・修験道・陰陽道の濃い影がみられた。

季節の変わり目に町内や各家庭で行われる行事も、ほとんど近世の「歳時記《さいじき》」の通りだった。年中行事で最も重んじられた正月行事も、調べてみると近世とあまり変わっていない。年越しそばを食べ、新調の下着と晴れ着を枕元に置いて、子どもたちはわくわくしながら寝床に入った。貧しい下町の長屋でも、親たちは借金してでも子どもの夢をかなえてやった。年末までに神の依代《よりしろ》である「門松」を立て、橙《だいだい》を付けた「注連縄《しめなわ》」を張った。

百八煩悩《ぼんのう》を除去する祈りの意味を込めて、百八回打ち鳴らす「除夜の鐘」の音がきこえてくると、近くの寺や氏神様に詣でた。歳神様《としがみ》を迎える神棚をしつらえて鏡餅を供え、近くの氏神様から若水《わかみず》を汲んできた。

正月の三日間は、ハレの時間なので日常的労働は慎まれた。洗濯も掃除も控えられた。煮炊きもしないので「おせち料理」だった。三日まではそういった物忌みの風習が守られ、七日の「七草粥《がゆ》」が終わると、やっとケの時間に戻った。

その日暮らしの屋台引きや行商人にとっては、このハレの日は、またとないかき入れ時だった。住吉大社や四天王寺には、香具師や世間師、それに八卦見《はっけみ》、家相や手相を占う易者がどっと集まってきた。怪しげな布教師が、得体《えたい》の知れない「摺《す》り仏」や「守り札」の効用を説いて、境内の片隅で声高にわめいていた。一番人気があったのは、やはり香具師の大道芸だった。

十五日の小正月には、門松などを集めて焚く「どんど」(左義長《さぎちょう》)の行事も、あちこちで行っていた。その火で豆や餅を焼いて、その焦げ具合で一年の運勢を判断するのが近世からの習わしであったが、私の幼少の頃はそんなことには無頓着で、イモを焼いて食べられるのでトンド焼きの日だと喜んだ。

貧富の違いによってかなり格差はあったとしても、この正月行事はどこの家でもやっていた。なぜそんなことをするのか、その理屈もよく分からぬままに、新年という季節の節目に当然なすべき儀礼として、何百年も持続されてきたのである。
あと八カ月で敗戦を迎える一九四五年の正月は、時局緊迫につき自粛せよという当局の命令で、寺社の境内でも出店はみられなかった。青壮年層はみな戦場や工場にかり出されていて、町はがらんどうのようになっていた。そして何よりも、店を出しても売る品物が全くなかった。

三　「人知ノ開達ヲ妨ルモノ」

陰陽道に関わる年中行事

私たち戦前世代が実際に経験した正月の祭事をざっとみてきたが、年中行事では、正月元日・三月三日・五月五日・七月七日・九月九日に催される五節句《ごせっく》を挙げておかねばならない。本来は「節供」と書いて、重要な年中行事を行う「節日」の供物《くもつ》を意味したが、「節句」の字を当てて節日そのものを指すようになった。

三月三日の桃の節句では、女の子がいる家では雛人形を飾って「ひなまつり」をやった。五月五日は端午《たんご》の節句で、男の子がいる家では武者人形を飾り鯉幟《こいのぼり》を立て、粽《ちまき》を食べた。七月七日の七夕《たなばた》の夜は、竹の枝葉に五色の短冊を飾り、そこに願い事を書いて星に祈った。九月九日の重陽《ちょうよう》の節句は、上流階級は古式通り菊花の宴を催したが、庶民は菊とはあまり縁がなかった。それよりも八月十五日の月見だった。

この列島で行われた「五節句」の起源をたどると、神・仏・道の三教が複雑に混淆して成立した民俗儀礼であることが分かる。中世では、おもに貴族と武家社会で行われていたのだが、近世に入ると民間に広がり、昭和前期でも「五節句」は最大の民俗行事だった。

特に桃の節句と端午の節句では、雛人形や武者人形を買う余裕がない貧しい長屋でも、紙製のミニチュアを飾っていた。七夕様に祈る願い事は、小学校の習字の時間に書いた。このような風俗は一九六〇年代までは全国どこでも行われていたが、この十数年めっきり減ってきた。五月の青空にひるがえっていた鯉幟《こいのぼり》もあまり見かけなくなった（ここでは私の経験に即して簡単に記述した。陰陽道と暮らしの民俗については、吉野裕子『陰陽五行と日本の民俗』人文書院、一九八三年、を参照されたい）。

秋祭りの日には、カマド神として祀られている「荒神《こうじん》」様の御祓《おはらい》に、祈禱者や行者がやってきた。陰陽師系と修験者系があった。私が住んでいる南河内を回っていたのは伊勢太神楽《だいかぐら》の山本源太夫一座だった。荷車に伊勢神宮の分霊を安置し、村の小社で型通りの儀式をやったあとで、得意な曲芸や地狂言を演じた。しかしその姿も、一九七〇年代に入る頃には見かけなくなった。

道教を源流とする陰陽道に関わる年中行事も残っていた。その二、三の例証を挙げておこう。その一つは、「方忌《かたい》み」と「方違《かたたが》え」である。戦前では、その慣習を守っている高齢者も少なくなかった。外出する際、目的地の方位が凶に当たるならば外出を控えた。やむをえず外出する時は凶方でないところへ先に行って、そこから出直すのである。

堺市にある方違神社。今日では参詣する人も少なくなった。

すぐ近くの堺市にある方違《ほうちがい》神社は、例祭の際は大変な人出だった。ここにお参りしておくと、そういう面倒なことをしなくても疫病神《やくびょうがみ》に祟《たた》られることはないとされていたのだ。

　通っていた中学校のすぐ前の道が庚《こう》申《しん》街道だった。阿倍野橋まで歩いて約十五分、さらに十分で四天王寺のすぐ南にある庚申堂までたどり着く。近世の時代では、「庚申待《まち》」の日は押すな押すなの人出で賑わったので、その街道は庚申街道と呼ばれていたのである。

　六十日ごとに巡ってくる干支《えと》の庚申《かのえさる》の夜は、「庚申待」といって、寝ないで酒食や遊戯で徹夜する習俗があった。その夜眠ると、身の中にいる三尸《さんし》という虫が上帝に罪を告げてその人の命を縮めるとされた。これは道教の「守庚申」に由来する話で、平安期から貴族の間で行われていたのだが、近世に入ると民間にも広がっていった。

四天王寺のすぐ南にある庚申堂。庚申信仰の中心地として賑わった。

『古今要覧稿』の年中行事

これらの祭祀儀礼や物忌みにまつわる風俗のかなりの部分は、明治維新からの近代化革命をくぐり抜けて、大正・昭和前期の時代でも現存していた。数百年にわたって季節の節目で行われていた民俗行事は、一朝一夕には解体されなかった。

何を指標としてそのように言えるのか。実は明治維新の約六十年前の文化十（一八一三）年になされた、年中行事を中心とした民俗調査のデータが残っている。

今から二百年ほど前の天明年間に、幕府の表御《おもてご》右筆《ゆうひつ》勘定格を勤めた屋代《やしろ》弘賢《ひろかた》（一七五八—一八四一）を中心に『古今要覧稿《ここんようらんこう》』という、自然・歴史・文化・民俗・風物をはじめ動植物誌を含む膨大な博物誌が計画された。当初の計画では全十八部一千巻だった。刊行されたのは文政四（一八二一）年から天保十三（一八四二）年にかけてである。

結局は屋代の病没のために五百六十巻で未完となった。この百科全書を編集する際に、『風土記』以来初めて、「諸国風俗問状」が各藩に送付された。各月の年中行事から冠婚葬祭に至るまで、全部で百三十一カ条から成る質問状だった。全国各地からその詳細な記録が報告されていたならば、画期的な仕事になったと思われる。

その問状は、各藩の儒学者・国学者に送られた。しかし調査方法の不備もあって、回収率が悪かったようで、今日では二十数種の現存が知られているだけである。この調査に着目して当時残存していた問状答をできる限り収集し、『校注諸国風俗問状答』（東洋堂、一九四二年）を編纂したのは、柳田國男の弟子筋にあたる民俗学者の中山太郎だった（『諸国風俗問状答』「日本庶民生活史料集成」第九巻、三一書房、一九六九年、所収）。

それを読んでみると、近世末期の一八二〇年代の民俗儀礼は、一九三〇年代のそれと根本的には変わっていない。全国各地の民俗儀礼の大半が、民衆の間ではなんとか生き延びていたのである。それに止めを刺したのは太平洋戦争と戦後の大変革だった。

各藩からの回答内容は精粗さまざまで、結局は『古今要覧稿』の編集には役立てられなかったようである。廃棄された回答書のいくつかが、在地の好事家の目にとまって筆写され、今日まで残った。

興味深いのは、その百三十条で、「乞食、穢多、諸国に有之《これあり》、此外《このほか》ササラ摺《すり》、茶筌《ちやせん》作、院内、梓《あずさ》みこの類、異なる職分の者有之候哉《これありそうろうか》」と問うていることである。「乞食」「穢多」が諸国にいることは分かっているが、それ以外にどのような賤民層がいるか、と各地方ごとに報告を求めたのである。ここの部分は第五章で再論する。

新暦の採用――「人知ノ開達ヲ妨ルモノ」とされた旧暦

明治維新で社会制度の変革が相次いでなされたが、とりわけ民衆の日常生活に大きい影響を及ぼしたのは、太陰太陽暦（旧暦）から太陽暦（新暦）への突然の転換だった。季節の節目になされる民俗行事は旧暦に即して行われていたから、新暦への全面的切り替えは、民衆の日常生活にも多大な影響を与えることになった。

一八七二（明治五）年十一月九日、新政府はひそかに進めていた改暦の詔書を突然発表した。十二月三日を明治六年一月一日とし、それまでの一日十二辰刻制から一日二十四時間制へ切り替える、と太政官布告で発表した（この項については、佐藤政次『日本暦学史』駿河台出版社、一九六八年。渡辺敏夫『日本の暦』雄山閣、一九七六年、を参照されたい）。

明治五年は東京・横浜間に鉄道が開通し、東京・長崎間の電信が開始された年である。諸外国との国交が開け、外国人も開港場の近くに設けられた居留地に定住するようになって、世を挙げて〈文明開化〉に突っ走ろうとしていた新時代だった。欧米諸国はすでにグレゴリオ暦を用いていたので、旧暦で国事をやっていたのでは、国際的な交流や交易のトラブルの原因となった。暦法の改正は、文明開化路線に踏み切った新政府の必須の事業だった。

旧暦には、季節の移り変わりを目安とする二十四節気や七十二候などの自然暦の要素も含まれていた。だが、二、三年に一度はやってくる閏年《うるうどし》の際には一年は十三カ月となり、大の月（三十日）と小の月（二十九日）の順序も一定していなかった。それをいちいち記憶することも大変で、いろいろ趣向を凝らして大小の月を覚える刷物が「大小」と呼ばれて売られていた。「時ニ気候ノ早晩アリ」とあるように、暦の上では立春なのに初夏がやってくるというズレも生じた。日食や月食も、暦の記述と食い違ってくることもしばしばだった。そのような問題点を解決するために太政官布告が出されたのだが、その要旨は次の三項にまとめられる。

㈠　月の満ち欠けをもって一カ月としていた太陰暦では、三年に一回は閏月を置いて太陽の回転に合わせていたので、気候に早晩が発生し、天体の運行の推測に誤差が生じていた。

㈡　ところが太陽暦では、太陽の回転度によって一カ月を数えるので、四年ごとに一日の閏を置けば、七千年で僅かに一日の差を生じるにすぎない。太陰暦に比べれば、その利便性は言うまでもない。

㈢　新政府が特に禁じたのは、陰陽道によって定められていた「暦注」であった。太陰暦の中下段に掲げていた「十二直」（日々の吉凶や生活の指針を示す十二の語）や「吉凶の選日」（二十八宿・九星など）である。これらの多くは廃止すべき因習であって、「妄《もう》誕無稽《たんむけい》ニ属シ、人知ノ開達《かいたつ》ヲ妨《さまたぐ》ルモノ少シトセズ」と断じた。

このように新政府は、旧暦で日付の下に「日の吉凶」を細かく記した「暦注」を、「人知ノ開達ヲ妨ルモノ」として禁止した。歳位・星宿・干支・吉凶を具《つぶさ》に注記した「具注暦《ぐちゅう》」が平安時代から用いられ、藤原道長の『御堂関白記《みどうかんぱくき》』でよく知られているが、貴族たちは具注暦に空白二、三行を設けてそこに日記を記していたのだ。

一八六九（明治二）年四月に、昌平黌《しょうへいこう》の教授試補だった長野卓之允《たくのじょう》が「暦ヲ改正スルノ儀」を新政府に提言した。その際、現行の天保暦から迷信に関わる暦注をすべて削除し、暦の記載は節気や月の満ち欠けなど天体運行に関する記事に限定せよと主張したが、政府はその提案を受け入れた。

陰陽寮の廃止

この新政府の決定は、律令の制定以来千二百年余にわたって天文暦法を主管していた朝廷の陰陽寮《おんみょうりょう》の廃止に直結する措置であった。時・日・月・歳の吉凶を占って、それを具注暦として作製することは、奈良朝の時代から陰陽道家の職務だった。それに基づいて星宿を加持し攘災《じょうさい》招福のために行う儀礼は宿曜道《すくようどう》に起源があったが、それを司っていたのは朝廷の陰陽寮であった。

旧暦から新暦への切り替えで決定的な打撃を受けたのは、日の吉凶や禁忌等を記した暦を配布していた民間陰陽師だった。新政府のこの措置は、それぞれの地域で暦を発行していた彼らの生存を脅かすことになった。実際に新政府は各地に散在している陰陽師集団の解体を指示し、今後勝手に暦を作って流布することを禁じた。

安倍晴明以来八百余年にわたって陰陽頭《おんみようのかみ》を勤めていた土御門家も、西洋の学問が日進月歩で行われてきている今日では、「固陋ニノミ流レ秘伝秘事ナドト相唱来リ恥ズベキ次第ニ御座候」と新政府に言上した。そして、旧弊を除き精微を尽くして万国御交際の御時に役に立ちたい、と土御門家の蔵書は残らず大学校へ献納した。

新政府は、陰陽寮の代わりに天文暦道局を設置してその所管を大学に移し、さらに星学局をつくるなど近代化の道を邁進《まいしん》した。そして、宮廷において実施されてきた陰陽道に関わる祭祀祈禱は取りやめとなった。天皇の即位の際に行われていた長寿と息災を祈願する天曹地府祭《てんそうちふさい》の儀なども廃止された。つまり、陰陽道に関わる儀式はすべて再生天皇制から姿を消したのである。

官人陰陽師の歴史には終止符が打たれたが、民間陰陽師の仕事が全くなくなったわけではなかった。例えば先勝《せんしよう》・友引・先負《せんぶ》・仏滅・大安・赤口《しやつこう》の「六曜」を、新政府は「迷信」として暦に記載することを禁じた。しかしその習俗に慣れていた民衆は、吉凶禍福を知る暦法がないとかえって不安を覚えた。それで、新暦の七曜表の下に「六曜」を付けたモグリの暦がよく売れた。

「六曜」のもとになったのは中国の「小六壬《しようろくじん》」という暦注だったが、中国でもこれは何の根拠もない迷信だと十八世紀に禁じられていた。

新政府が「六曜」の記載を禁じたのは当然の措置だったが、長い歴史を通じて民衆の習俗として培われてきた〈日〉〈月〉〈星〉に関するアニミズム的信仰は、新暦に切り替えられても依然として根強く生き続けていった。

第二章　陰陽師と渡来系文化

一　アニミズム、シャーマニズムと陰陽・五行説

大自然を知識体系としてとらえる

古代の頃の天空をイメージしてみよう。今日のように天空がスモッグで覆われることもなく、文明の光で照らされることもなかったから、夜になると漆黒の闇だった。夜空に輝く月や星は煌々《こうこう》として、さぞかし神秘的に見えたであろう。月の満ち欠けによって、ヒトは一カ月という時間の流れを知った。大自然を司る神々がそこに宿ると考えたことも、大いに共感できる。アニミズムの根源には、このような自然認識があった。

日食・月食、彗星・流星、あるいは地震・噴火などの天変地異は、すべてなんらかの予兆であると考えられた。古代中国では、「天帝」は天にあって宇宙を主宰し、その意志は天体＝自然の動きに現れるとされた。常に天帝を祀り、その動きをいちはやく察知

『七十一番職人歌合』の三十四番にペアで出てくる「医師」（右）と「陰陽師」（左）（岩波版「新日本古典文学大系」61、所収）

することと、すなわち、〈陰・陽〉の気の動きを測定し、それによって吉凶を判断してクニを運営することが天子の任務とされていた。

大自然に潜む霊力を〈陰・陽〉の気の動きとしてとらえる考えは、人類史では早くから現れていたに違いない。たぶん石器時代の旧人の頃から、それに似た自然観・宇宙観を抱いていた。おそらくこの列島でも、縄文時代のアニミズムはこのような自然観から成り立っていた。しかしまだクニが成立していない段階では、シャーマン集団の首長が天帝の役を担った。

天と地の動きを、言葉で端的に表現して、知識として体系化することは、弥生時代に入ってもむつかしかったに違いない。

ヒトは目に見えるモノを次々に名付けて、自然現象を分類していく術《すべ》を覚えた。そして「言葉という記号」による「象徴的思考」によって、周りの世界を区分し、整序していった。目に見えぬところまで言葉による思考が届いていくにつれて、ようやく思想体系として自然観を形成できるようになった。それを東アジアで最初に学問化したのが「陰陽《いんよう》・五行《ごぎょう》」説だったが、渡来人がもたらした文化によってその学問体系を初めて知ったこの列島の人たちは、その壮大な構図と知識に驚いたに違いない。

アニミズム、シャーマニズムと道教

中国では、太古の時代から活躍していた巫祝《ふしゅく》（シャーマニズム）、そして陰陽・五行説、

さらに道家（老荘思想《ろうそう》）など、さまざまな思考がしだいに混合され体系化されていった。そして超人的な験力《げんりき》（霊験をあらわす能力）によって不老長生は実現する、という神仙道が唱えられた。それらを源流として、まだ教団としては形成されなかったが、二世紀頃の後漢の時代に道教が民間信仰の大きい流れとして成立した。

歴代王朝の支配層では、孔子・孟子以来の儒教が宗教的な基軸となっていたが、民衆の日常生活では、自然に即していて理解しやすい道教的思想が広がっていった。

それとほぼ同時進行で、古代中国では、植物・動物・鉱物を中心に自然物を分類し記述する知識体系が形成されていった。これがのちに「本草学《ほんぞう》」として集大成された。

不老長生の視点から、薬効のあるものが上・中・下の三品に分けられたが、治療や魔除けになる呪物もその中に入れられた。したがって本草学は、今日の医学・薬学だけではなく、宗教学・民俗学・人類学の領域をも含んだ壮大な学問体系だった。

この列島の縄文時代から弥生時代にかけては、山・海・川・木・岩・滝などに宿る大自然の神々を祀るアニミズムが主流で、その儀礼はシャーマンを中心にとり行われた。そのようにして、〈陰〉と〈陽〉の二項対立で、森羅万象に宿る生命とエネルギー源をとらえる思考が育《はぐく》まれた。

儒・仏・道の三教をこの列島に伝えたのは、中国大陸・朝鮮半島からやってきた渡来人だった。その流れの中で、陰陽・五行説も伝えられた。縄文期からのアニミズムを源流として山岳信仰が成立し、密教系仏教と習合して修験道《しゆげんどう》が形成されていった。さらにインドから中国へ伝わった占星術の宿曜道《すくようどう》――これらと複雑に習合しながら、日本独自の陰陽道の母体が形成されていった。

五世紀の頃には、畿内の豪族たちの連合政権としてヤマト王朝が成立した。六世紀中期の欽明朝・敏達朝になると、王権の支配層は仏教と儒教を統治政策の根幹に取り入れた。さらに七世紀に入ると陰陽・五行説も最新の方術として採用されるようになったが、道教は国家宗教としては認められなかった。だが、『古事記』『日本書紀』を丹念に読めば、その思想的影響は各所に見られる。そのような道教系の信仰の布教は、あとでみる役行者《えんのぎょうじゃ》に代表されるように、民間の巫覡《ふげき》や山野に伏（臥）して修行する修験者（山伏・山臥）が担った。

道教思想と渡来人

何波にも分かれてやってきた渡来人によって、民衆レベルでもさまざまな民間信仰がもたらされたが、雄略朝の伝承として語り継がれてきた北九州の「豊国奇巫《とよのくにのくしかんなぎ》」は、治療技術を持った渡来系のシャーマンだった。朝鮮から近い北九州には、このような巫術が早くから伝わっていたのである（有史以前から九州で活動していた巫覡の研究は、中野幡能《はたよし》の大著『八幡信仰史の研究』吉川弘文館、一九六七年、にまとめられている。氏に直接ご教示を願って、渡来系のシャーマンと深く関わりのある北九州の古社を巡ったのは一九八二年だった）。

応神朝の頃の渡来人の中にも民間道教の信徒がいて、「巫覡」的な活動をしたと考えられる。もちろんその頃は教団道教としての体系はまだ整っていなかったが、その源流の一つである「巫術」は確実に伝わっていた。

彼らの活動が、在来のアニミズムやシャーマニズム系の民間信仰とどのように関わっていったのか。この巫覡系と平安期から活発になった民間陰陽師との系譜的な関係については、さらに精緻な考究がなされねばならない。

なお戦後における道教研究については、窪徳忠《のりただ》、下出積与《せきよ》、上田正昭、福永光司らの諸氏の業績が改めて評価されねばならない。最近の論考では、朝鮮諸国の道教の歴史と渡来人のもたらした文化を究明した上田正昭『古代の道教と朝鮮文化』（人文書院、一九八九年）、そして和田萃《あつむ》の大作『日本古代の儀礼と祭祀・信仰』（全三巻、塙書房、一九九五年）が注目される。

ところで和田氏は、中国における道教の成立時期が五世紀初頭であり、特に当時の南朝の宋《そう》や梁《りよう》から暦法・卜占法・医術が百済に伝わっているところから、百済系を中心とする「今来漢人《いまきのあやひと》」は、「道教的信仰に慣れ親しんでいた」と推測されている。

それはそれで異論はないが、私は教団道教の成立以前から、道教の源流ともいうべき「小道巫術」がこの列島に伝わっていたことを重視したい。『魏志倭人伝』に邪馬台国の女王卑弥呼に関して、「鬼道に事《つか》え能《よ》く衆を惑わす」という有名な記事がある。和田氏も三品彰英《みしなあきひで》説を引用して、この「鬼道」はシャーマニズムであろうと論じられている。

その通りであるが、もう少し具体的に言えば、すべての事象は大自然に遍在する精霊《アニマ》の働きとみなして、呪術的儀礼によって大自然の神々に祈念し、病気や不幸をもたらす悪霊・邪気を追い払おうとするアニミズムが、この鬼道の根幹にあった。

素朴な民俗信仰であるが、このような北東アジア特有の巫術が古代の中国では「小道」と呼ばれた。「大道」は国家統治の法であり学である儒教・儒学を指したが、それに対し「小道」は卑俗な民間信仰を意味した。

「小道」は「左道《さどう》」とも呼ばれたが、神亀六（七二九）年の「長屋王の変」で、長屋王が謀殺に追い込まれる理由の一つとして、「左道に加担した」という罪状が挙げられていた。律令の「神祇令」「僧尼令」において、神・仏を基本に国家宗教のあり方を定めたヤマト王朝としては、これらの「左道」「小道」の布教は公的には許されないものであった。

ついでに付言しておくと、白川静の『字統』によれば、呪術巫儀を「左道」と呼ぶのは「右尊左卑の観念」が基底にあった。左右の原義は、右手に祝禱《しゆくとう》の器、左手に呪器を持って神に祈ることにあり、「左」という言葉には、本来的に呪術の意が含まれていたのである。

二　律令制国家と陰陽寮

陰陽・五行説を最新の科学体系として導入する

たぶん石器時代からそうだったのだろうが、ヒトは〈日〉〈月〉〈星〉の動きを見て、自分たちの運命を知ろうとした。ヒトが物事を判断する拠り所となったのは、やはり〈天〉の動きだった。そのような思考法を、東アジアで最初に体系化したのが陰陽・五行説だった。

古代中国では、大自然の根源である〈日〉と〈月〉と〈星〉は天帝の所管とされ、木・火・土・金・水の五気は、この地上の万物を組成する五元素とみなされた。

次いで中央を中心に、東南西北の「五方」を定めた。さらにそれを四季の循環に当てはめて、東＝春、南＝夏、西＝秋、北＝冬という、今日でも用いられている合理的なサイクルが編み出された。中央は土用で、次の季節に入る準備をする移行期とされた。

なぜ「東＝春」が物事の始源とされ、神の坐《います》方位とされたのか。東は日の出の方向で、一年の始まりは初春である。つまり、方向・季節だけではなく、万物循環の始まりとみなされたのだ。数多い民俗儀礼の中で正月行事が最も重視されたのは、この五行説に基づいている。理にかなっていたから、日本でも千余年にわたって受け継がれてきたのである。

この倭国に伝来した陰陽・五行説は、七世紀に入る頃には大自然の摂理を説明しうる最新の科学とみなされるようになった。もちろんその頃は科学という言葉はなかったが、天体・自然の運行法則を明らかにする方術とされたのである。

仏教を鎮護国家の宗教として導入し、陰陽・五行の思想を国家運営の要《かなめ》として国家体制に組み込んだのは天武天皇だった。六七三年に即位して飛鳥に浄御原《きよみはら》宮を定めると、古代律令制の根幹となるさまざまの大改革を実行した。

「天文・遁甲《とんこう》を能くしたまふ」と『日本書紀』に記されているように、壬申《じんしん》の乱に勝利した際にも、「式占《しょくせん》」という当時最新の占いの術を駆使した。そして天皇の側近にあって国務を司る中務省《なかつかさ》に「陰陽寮」を設立し、「占星台」（天体観測所）もつくっている。

奈良朝では、〈陰陽〉は〈自然〉とほぼ同義の言葉として用いられていた。例えば「頃者《このころ》、陰陽殊《こと》に謬《あやま》りて、気序乖違《かいい》す」（『続日本紀』和銅七年六月二十三日条）とある。自然の摂理が乱れ、天候不順になったというのだ。

そして「陰陽和合」という言葉で表示されるが、男女を陽と陰にたとえ、その交接の様を豊穣のしるしとする陰陽石が、めでたい呪物とされる民間信仰が広がっていった。

ヤマト王朝による陰陽寮の統制

中国にならって、律令制では陰陽寮は四つの部門に分かれていた。占いの専門職「陰陽博士《はかせ》」、暦を作製する「暦博士」、天文観察を主とする「天文博士」、水時計で時間を計る「漏刻博士《ろうこく》」の四機関が設置された。

日・月・星の動きで察知される陰陽の気の変化は、国家の未来を予示すると考えられていた。陰陽寮の官吏は、天下国家の大事に関わる〈陰・陽〉の気の動きを察知して、それを天子に奏言する枢要のポジションにあった。

陰陽寮で観測や占いに従事する官吏たちも、国家経営の最前線で働くテクノクラートとしての自負を持っていたに違いない。しかし、ヤマト王朝ではその規模は中国よりはるかに小さく、それに従事する頭《かみ》・助《すけ》・允《じょう》・大少属《さかん》という官僚の官位身分も低かった。

注目すべきは、天体・暦・卜占の知識と技術が、厳しく国家管理の下におかれたことである。特に僧侶たちが天文観測や卜占を行うことは厳しく禁止された。八世紀に入ると、「大津連首《おおつのむらじおびと》」のように渡来系の僧侶の中から、新羅に留学して陰陽寮のエクスパートになる者が出てくる。その際は僧籍を離れて還俗《げんぞく》させられた。

朝廷の貴族たちも、天体観測のための器具、天文書、河図《かと》、洛書《らくしょ》、讖書《しんしょ》、兵法書、七曜暦、太一《たいいつ》式書、雷公《らいこう》式書などの私有が禁じられ、違反者は懲役刑の「徒《ず》一年」とされた。

陰陽寮の内部でも、それらの器具や天文・卜占の「秘書」が外に持ち出されないように細心の注意を払うことが義務づけられた。また天体観測を専門に学ぶ天文生が「占書」を読むことを禁じている。

なぜ、このように厳しい守秘義務が定められたのか。皇族・貴族の間で血なまぐさい争いが絶えない時代だったから、朝廷の枢機が外に漏れて、反対派に利用されることを極度に警戒したのである。

それにしては陰陽寮で働く官人たちの官位は低い。長官である陰陽頭《おんみょうのかみ》も六位である。五位になって初めて下級貴族の仲間入りができるのだが、陰陽師は出世しても、朝廷で枢要な地位を占めていた貴種の仲間入りをすることは、なかなかできなかった。典薬寮に勤務する医師や薬師《くすし》も同じだった。この種の役所には優秀なテクノクラートが揃っていたのに、なぜ中・下級官僚にとどめられたのか。

さしあたって考えられるのは次の二点である。陰陽・五行説をはじめ、医学や本草学に通じていたのは、縄文時代以来この列島にいた在来系ではなくて、大陸からやってきた渡来系氏族だった。それも弥生・古墳時代の頃から定住して畿内の豪族となっていた古い家系の出ではなかった。たぶん五、六世紀の頃の比較的新しい渡来系の出身者が多かったのではないか。

もう一つの理由は、陰陽寮や典薬寮で働く官人たちは、「鬼道」とも呼ばれていた民間道教系の「小道巫術」と、どこかで系譜的に連なる血脈の出とみられていたのではないか。最新の宗教として仏教を取り入れていた朝廷にとっては、「小道巫術」は王道の主流とはなりえない方術だった。

したがって官人陰陽師は、ヤマト王権の中枢部を握る畿内豪族出身の高級官僚群とは、一線を画す身分的ポジションに置かれていたのではないか、というのが私の見解である。

奈良朝の時代では、陰陽・五行説は宗教とはみなされなかった。国家を鎮護するのは、朝鮮三国からの渡来僧によってもたらされた仏教の役目だった。巫術系の民間信仰に頼っていた民衆は別として、朝廷が道教系の神々を祀ることはなかった。陰陽師の指示に従って、もともと道教系であった神々を朝廷貴族が盛んに祀るようになったのは、平安中期に入ってからである。

官人陰陽師と民間陰陽師

官人陰陽師の活動については、朝廷で編纂された正史や当時の貴族たちの日記で、いくらかでもその実態を知ることができる。しかし、私が強い関心を抱いている民間陰陽師については、中世の時代では確かな史料はほとんど残されていない。

晴明ブームの陰に隠れてしまって、ともすれば見逃してしまうが、日本の民衆文化史において、民間陰陽師はどういう役割を果たしたのか。それは卑俗な民間信仰にすぎなかったのか。低俗であったとしても、陰陽道と呼べるような内実をそなえていたのか。

官人陰陽師の育成システムは、律令の官制で規定されている。養老令の官制によれば、畿内から選ばれた有為の人材が、「学生《がくしょう》」から「得業生《とくごうしょう》」へと研修を重ね、厳しい試験にパスして初めて官人陰陽師の一員になれる。

当時用いられていたテキストをみてみると、中国・朝鮮から入ってきたきわめて高度な内容の難解な漢籍であって、そのリストにざっと目を通してみても今日の大学院生ではとても手に負えない。

ところが、民間陰陽師は、朝廷の任命した「博士」によって鍛えられる「学生」「得業生」という過程を経ていない。一体どのような修練を経てその技能を身に付けていったのか。史料が何も残されていないので、そのいきさつは全く分からない。

たぶん小集団を形成していて、特定の親方《リーダー》のもとで自己流に学んだのであろう。彼らは文字を知っていたのだろうか。あの難解なテキストを読めたのだろうか。曲がりなりにも読めたとするならば、やはり渡来系の血筋だったのだろうか。

なんらかの基盤と条件がなければ、陰陽・五行説の知識と呪術的な技能を身に付けることはできない。体系的理解は無理としても、少なくとも〈日〉と〈月〉を中心に〈星〉座の動きを見て、大自然に坐《いま》す神々の意志を告げ知らせる程度の知識は持っていなければならない。知識は二の次としても、なんらかの呪能がなければ世間に認められない。誰でもやれるというわけにはいかないのだ。もともとシャーマン的な家系の生まれで、先天的な呪力となんらかのカリスマ性をそなえていたのだろうか。

民間信仰史における「巫覡」

平安時代の民間陰陽師の源流を遠く遡れば、縄文の時代からこの列島にいた「巫覡《ふげき》」の系譜に連なる部分もあったのではないか。もちろん確かなことは分からない。

そこにもう一つの新しい流れが入ってきた。古墳時代後期の頃に中国大陸・朝鮮半島から伝わってきた民間道教系の「巫術」である。いずれも大づかみに言えばシャーマニズムであるが、在来系と渡来系の二つの流れがあって、それが時代とともに融合していったのではないか。

そして、奈良時代に入ると、おもに朝鮮半島から伝わってきた民間道教を通じて、天文暦学や卜占の技能を自己流に習得していったのではないか。その最初の流れは、朝鮮半島南部の百済・加羅の海岸地帯から入ってきたのではないか、と私は推測している。何回か訪れたことがあるが、今日でもムーダンと呼ばれる巫術者が活動している地域である。

したがって、朝廷に仕えていた官人陰陽師の記録をいくら調べてみても、「巫覡」に連なる民間陰陽師の源流はとらえられない、と私は考えている。

平安初期の頃では、都があった畿内を除けば、在地の民衆は朝廷貴族たちの神祇信仰や仏教帰依とは直接的な関わりはなかった。聖武天皇の勅願によって、国分寺・国分尼寺が国ごとに建立されたのは天平十三（七四一）年だった。朝廷の諸機関で使役されていたごく一部を除いて、大半の民衆は前時代からの呪術系信仰、すなわちアニミズム、シャーマニズムに頼っていたのであった。

とするならば、有史以前から、各地方の在地社会では「巫覡」がかなり活発に動いていたに違いない。自分たちの集団のアイデンティティすら定かでない時代だったから、大自然に坐す神々や精霊に対する信仰はきわめて強かった。

平安中期の十世紀の頃、朝廷の官人だった陰陽師はごく少数だった。天皇をはじめとした朝廷貴族の御用達にも応じきれないのが実状だった。陰陽師と名乗っていたかどうかは別として、在野の「巫覡」の方が圧倒的に多かったのである。

「巫術」を駆使した古代の呪術者は、その系譜を明らかにする史料は残されていないが、中世における民間陰陽師の発生と深い関わりがあると私は考えている。

奈良朝では、彼ら「巫覡」の流れは、公然と布教することは認められず、朝廷によって弾圧されている。彼らは「妖妄を養」う邪教とみなされていたのであった。その一例として〈常世《とこよ》の神〉事件を挙げておこう。

朝廷の「巫覡」弾圧政策

〈常世の神〉にまつわる事件は、『日本書紀』皇極三（六四四）年七月の条にある。東国の富士川のほとりで、大生部多《おおふべのおお》なる者が、虫を祭って、「これは常世の神だ。この神を信仰すると貧しい者は富を得、老いたる者は若返るぞ」と村里ですすめて回った。この煽動に乗った民衆は、緑色で黒い斑点のある四寸あまりの虫をとらえて神座に安置し、踊ったり舞ったりして大変な騒ぎになった。

このことを知った朝廷は、民を惑わす「呪巫」であると断じ、秦河勝《はたのかわかつ》に命じて大生部多を弾圧させた。実際にこの常世の神を祭っても何の御利益《ごりやく》もなかったと『紀』は物語るのだが、事の真相はよく分からない。

なぜ、渡来系の氏族の旗頭として知られていた秦河勝に命じたのか。〈常世の神〉を布教した巫覡は渡来系であると判断して、あまり事を荒立てずに解決しようとしたのではないか。つまり、秦氏の顔を利用したのではないか、と私は考えている。

その二年前の皇極元年七月の条にも、やはり巫覡系である「祝部《はふりべ》」の記事が出ている。旱魃《かんばつ》で長く雨が降らなかったので、村々の民は祝部の教えによって、牛や馬を殺して神に捧げ、市を移したり川の神である河伯《かはく》に祈ったりした。神に祈るために牛馬を殺す供《く》儀《ぎ》、市場を移して門を閉じ、人を入れないで祭りを行う――これらはいずれも古代中国から伝わった巫術であったが、さっぱり効果がなかった。

心配した群臣たちが、大臣《おおおみ》の蘇我蝦夷《そがのえみし》に相談した。蘇我大臣は、「寺々で大乗経典を転読し、仏法にあるように悔過《けか》をして恭しく祈雨すればよい」と答えた。すぐさま大寺の南の広場に仏菩薩の像と四天王の像を安置し、多くの僧を招いて『大雲経』を読ませた。

この祈雨儀礼もあまり効なく、ついに経を読むことも止めた。その翌日、天皇が明日香村の南淵の川上におでましになり、ひざまずいて四方を拝し天を仰いで祈ると、たちまち雷が鳴って大雨となり国中をうるおした。百姓たちは大喜びして、「すぐれた徳のある天皇です」と言上した。

まとめて言えば『紀』のこの条は、次のように読める。すなわち、天皇が祀る神々を高く称え、次いで仏のありがたさはさほどではないことを示し、最後に民間の祝部の教えはでたらめで信じてはならぬ――このように具体例を挙げて説いているのだ。要するに、天皇が敬う神々の威力が絶大であることを示し、〈神道→仏教→巫道〉という宗教的な価値順列を明示するための説話ではないか。私はそう考える。

淫祀の禁断を命じる

それにしては、よく出来すぎた話である。たぶん『紀』の編者が、政治的な作為でもって、知恵をしぼって脚色したのではないか。正史にはいちいち記載されていないが、当時の在地社会では、このような「祝部」「巫覡」が活発に布教していたのである。

この〈常世の神〉騒動は、蘇我氏が滅亡して大化の改新が実現する直前の話だった。改新をきっかけに律令制国家への歩みが加速するが、それにつれて朝廷はさらに巫覡の徒への抑圧を強める。宝亀十一（七八〇）年十二月、巫覡が無知の百姓を誘って淫祀を妄崇させたというので、朝廷は禁断を命じた。『続日本紀』に記載されている原文は次の通りであって、このくだりには「小道巫術」に対する朝廷の政治的姿勢がはっきりと示されている。

左右京に勅したまはく、「如聞《きくな》らく、「比来《このころ》、無知の百姓《はくせい》、巫覡を搆合《かまえあ》ひて妄《みだり》に淫祀を崇め、蒭狗《すうく》の設《もうけ》、符書の類、百方《ももち》に怪《け》を作《な》して街路に塡《み》ち溢る。事に託《よ》せて福《さきわい》を求め、還りて厭魅《えんみ》に渉る」ときく。唯《ただ》朝憲を畏れぬのみに非ず、誠に亦《また》長く妖妄を養はむ。今より以後、厳しく禁断すべし」。

この勅の要点は、次のようにまとめられる。近ごろ京の都で「巫覡」が無知の民衆を煽動して、いかがわしい神を祭っている。「わらで結んで作った犬」や道術の呪文を記した書付けなどを持ち回って、あちこちで奇怪な祭りをして街路に満ち溢れている。何かにつけて福を求めて騒いでいるが、これはもはや妖術である。このような行為は、朝廷が定めた法律に違反しているだけではなく、そのまま放置しておくと「奇怪なまがごと」をはびこらすことになるので、厳しく禁止する。

平安期に入っても天慶八（九四五）年の〈八幡神〉、長和元（一〇一二）年の〈設楽神《したら》〉騒動などが相次いで発生しているが、いずれも〈常世の神〉に類する呪巫の活動が発火点となった。平安後期に入ると、畿内を中心に民間陰陽師の活躍が目立つようになるが、彼らはこのような呪巫の流れにどこかで連なっていたのではないか。その上に、自己流に習得した陰陽・五行説を加味していったのではないか。

三　陰陽道に関わる八つの問題群

国家的装置としての「ケガレ」の制度化

奈良朝に成立した陰陽寮は、平安期に入るとその役割と機能がしだいに変わっていった。

その画期となったのは「触穢《しょくえ》」の法制化だった。『貞観式《じょうがん》』の後を承《う》けて延長五（九二七）年に撰進された『延喜式《えんぎ》』にその大要は記されている。

官人陰陽師は、天体の動きを中心に天下国家の大事に関わる〈陰・陽〉の気を観測するテクノクラートだった。

だが、平安期に入ると、天皇・貴族のケガレに関わる「清目《きよめ》」「祓《はらえ》」を行う呪術的祈禱師へと、しだいに変貌していったのである。官司制度で変化がみられただけではなく、官人陰陽師が担う宗教的、イデオロギー的機能が変質していったのである。

このように「ケガレ観念の法制化」と「陰陽家の繁盛」は相即不離の関係にあった。すなわち、朝廷貴族がケガレを忌避し、触穢を極度に恐怖するようになればなるほど、貴族たちの陰陽師御用達の度合いは強まった。そしてケガレを祓い清める呪術的儀礼として、陰陽道の性格もしだいに変質していったのである。安倍晴明は、このように「触穢」思想が極大化しつつある貴族社会で名が売れるようになった陰陽師だった。

国家が法制化した「触穢の体系」については別に論じたので、ここでは陰陽師が深く関わった三つの分野について、簡単にまとめておくことにする（沖浦・宮田登『ケガレ――差別思想の深層』解放出版社、一九九九年、を参照）。

第一、死・産・血、それに糞尿などの排泄物が「汚穢《おえ》」とされたが、そこから発現するケガレは目に見える実体だった。さらにケガレは「穢気《えき》」として空中を浮遊するから始末が悪い。その穢気に触れるとケガレは次々に伝染するとされた。それを防ぐためにさまざまの禁忌が設けられた。

第二、アニミズム的思考がまだ色濃く残っている時代では、生命力の根源にある〈気〉が萎《な》えてくると、「気枯れ・気離れ」の現象が起きるとされた。これは、もともと道教系の思考だった。そして活力の源である〈気〉を回復するためには、さまざまの呪術的秘儀と修練が必要とされた。

第三、不可視のモノで、自在に空間を動き回って人間の生命を脅かすものもケガレとされた。病気の因となる「邪気」、祟《たた》りをなす「物の怪《け》」、人の目に見えず恐ろしい威力を発揮する「鬼神」などである。

ケガレは、触穢者だけではなく、火・水・食物・言葉などのモノに及んでいった。同座・共食・同火・同宿などの接触によって、ケガレは甲↓乙↓丙と伝播《でんぱ》し、それが災禍を招くとされた。

このように個人・家庭、町や村、そして国家――あらゆるレベルで既存の秩序や安定したシステムを攪乱する危険な要素は、すべて「ケガレ」とみなされるようになった。目に見えるモノから目に見えぬモノまで、際限なくケガレ観念が広がってくると、まずそのケガレの実体を特定し、何がそれを操っているのか、そこに漂う「穢気」の背後にあるものは何か――それを判断しなければならない。

そしてそのケガレの侵入・感染を防ぎ、ひとたびそれに汚染されたならば直ちに浄化すること、すなわち「清目」「祓」が重要になってくる。このように〈ケガレ―キヨメ・ハラエ〉の儀礼が制度化されると、それを司る職掌として陰陽師の出番が一挙に増えた。

「触穢」を恐れた貴族社会

あらかじめ災禍を予知して、危険なモノを忌避し、ひとたびケガレに汚染されるや直ちに祓い清める——それが国家によって法制化されると、俗人には習得できぬ呪術を身に付けた陰陽師が、天皇・貴族の御用達となって重用された。

『親信卿記《ちかのぶきょうき》』『小右記《しょうゆうき》』『権記《ごんき》』『御堂関白記』など貴族の日記からみれば、晴明の活動は案外に地味である。つまり、日時の吉凶を占い、良い方位を選び、災厄・汚穢・罪障を浄める禊祓《みそぎはらえ》を行い、外出に際して反閇《へんばい》を行う。その日常的な業務はこんなものだった。

だが後世の晴明説話によれば、自由自在に式神《しきがみ》（識神）を使役し、忍び寄る悪鬼や邪気を予見し、さまざまの禁忌を設けてその感染を防止する。ひとたび穢《けが》れ・災禍を身に蒙ると、それを清め祓う。そして巧妙に仕掛けられた呪詛《じゅそ》は、直ちにそれを見抜いて打ち返す。

そして官人陰陽師に対抗する民間陰陽師のヒーローだった蘆屋《あしや》道満《どうまん》との術くらべに打ち勝って、「陰陽道第一者」の地位を不動のものにする——おおよそ晴明説話のハイライト場面はこのように描かれている。

晴明説話に熱中している若者たちの大半は、たぶんそのような読み方をしている。紛れもなく中世的オカルト現象としてもてはやされているのだが、陰陽道の本質は果たしてこのような次元でとらえられるのだろうか。

人類史におけるオカルティズムの持つ深い意味を問わないままに、摩訶《まか》不思議な幻術として語られると、安倍晴明伝は通俗的なオカルト物語に終始してしまう。そして今日の陰陽師ブームは、まさにその域をあまり出ていないのである。

しかし漫画や映画で描かれる晴明像は、そもそもエンターテインメントなのだから、陰陽道のオカルト的理解だとあまり目くじらを立てるのもお門違いだろう。

史料を調べてみると、安倍晴明が式神を使ったり呪詛を行った事実は出てこない。晴明を含めて平安中期の官人陰陽師が、式神を操ったり、呪詛を行ったという史料は見当たらない。そもそも律令の「賊盗律」では、呪詛そのものが禁じられていたのである。したがって朝廷で重用されている官人陰陽師が、成文法によって犯罪とされている呪詛を進んで行うことはありえない。

律令では、人形《ひとがた》などを用いて人を呪う「厭魅《えんみ》」、道術の呪文を記した「符書」などで人を憎み殺そうとしたならば、それだけで謀殺の犯罪とみなされたのだ。奈良朝後期でも、厭魅・符書事件に関わる禁令は朝廷から相次いで公布されている。

晴明伝説をめぐる実像と虚像

後世に作られた晴明伝説でもって、日本史における陰陽師の全体像をイメージすることは危険である。官人陰陽師と民間陰陽師とでは、その果たした社会的役割も宗教的な機能も同じ次元では論じられない。

後世の説話では、安倍晴明は特異な精神感応・霊的交感力の持ち主として描かれているが、本当にそのような神秘的な呪力を身に付けていたのか。その身になんらかの霊力を付けていたとすれば、一体どこでどうやって修行したのか。それとも陰陽・五行説に関する知識に熟達していただけなのか。

そういう一連の重要な問題について考えることなく、今日流行の晴明ブームに乗ってしまうと、陰陽道とはこんなものなのかと早合点されてしまう。その当然の帰結として、平安期に成立した陰陽道の源流である有史以前からのアニミズム、シャーマニズムの流れや、大陸から渡来してきた民間道教に関する問題関心はなおざりにされてしまう。

晴明の確かな事跡が史料に出てくるのは、当時の朝廷貴族の日誌・記録である。『今昔物語集』や『宇治拾遺物語』などで語られる安倍晴明像は、すべてその死後に語り紡がれた説話であって、実際にあった史実ではない。フィクションだったとしても、なぜそのように後世の「物語」で語られるようになったのかという問題が重要なのだ。

しかも室町期の「晴明」説話は、あとでみる『簠簋《ほき》内伝《ないでん》』のように、「晴明」→「清明」と字も変えられて狐の生んだ超能力者とされているのだ。平安期の官人「晴明」と室町期以降に物語られる「清明」とは、ほとんど別人格とみたほうがよいと私は思う。

それではこの晴明は、どういう由緒を持つ家系の出だったのか。結論だけを先に言っておくと、官人晴明は、奈良時代からの大和の名門豪族だった阿倍（安倍）氏の本系の出ではない、というのが私の見解である。全国的に散在していて多くの傍流に分かれていた阿倍氏と、もしなんらかの関わりがあったとしても、その分流とどこかで接点があった程度ではないか、と考えている。

晴明自身が一世一代で「陰陽道第一者」の地位を築いたのであって、先祖の威光は全く作用していない。晴明が天文得業生《とくごうしょう》になったのは四十歳とされているが、名門の出としてはいかにも遅すぎる。ともかく阿倍《あべの》（安倍）御主人《みうし》（六三五—七〇三）を祖とする『尊卑分脈』などの家譜は、あとで作為された系図であって信用できない（ついでに言っておくと、阿倍御主人は『紀』では布勢朝臣《ふせのあそん》御主人として出ているが、右大臣で従二位になった貴人で、『竹取物語』では、かぐや姫にしたたかになぶり者にされる五人の高官のひとりだった。『竹の民俗誌』岩波新書、一九九一年、の第五章で詳しく論じておいた）。

安倍晴明が殿上人《てんじようびと》に重用されたのも、「ケガレ」観念が朝廷貴族の間で広がって、国家的に制度化される時代に出くわしたからであった。

つまり、奈良朝の陰陽師と平安中期の陰陽師とでは、その性格は明らかに変質したのであった。例えば奈良朝を代表する陰陽師大津連《おおつのむらじ》大浦《おおうら》と、この安倍晴明の活動を比べてみると、天下国家の重大事に関わるスケールもまるで違う。

この大浦は、藤原仲麻呂の乱や和気王の謀反など天下国家を動かす事件に深く関わり、その吉凶の占いが国家の命運を左右した。そして当時の官僚としては、まれにみる波瀾万丈の生涯だった。それに対して晴明の活動は、天皇をはじめ藤原道長ら朝廷貴族の個人的な御用達が大半であって、天下国家の動きにはあまり関わっていない。漫画や映画にするならば、大津連大浦こそ大ドラマの主人公にふさわしい。

安倍晴明の出自と家系

一九九〇年代に入って、官人陰陽師と貴族社会との関わりをめぐって研究が深められた。山下克明の『平安時代の宗教文化と陰陽道』（岩田書院、一九九六年）などの労作が出されたが、晴明の実像をめぐる問題については、繁田信一の『陰陽師と貴族社会』（吉川弘文館、二〇〇四年）に詳しい。これまでの中世陰陽師の研究は、村山修一の『日本陰陽道史総説』（塙書房、一九八一年）が切り開いた研究水準を大きく乗り越えることがなかったが、貴族たちの日記をはじめ当時の史料を丹念に調べた繁田の著作は、平安期の陰陽師研究の水準を一歩深めた労作である。

しかし、遠慮なく私見を述べさせてもらうが、民間道教を基軸とした渡来系文化と、ケガレ観念の国家的法制化の問題についてはあまり言及されていない。そこのところが今後の課題であろう。私は官人だった安倍晴明も、民間陰陽師のシンボルとされた蘆屋道満も、いずれも渡来系の文化の流れと深く関わる出自だったと想定している。

阿倍御主人に始まり、安倍晴明に至る家系図は、『尊卑分脈』『安倍氏系図』で知られている。〈御主人―広庭―嶋丸―粳虫《ぬかむし》―道守―兄雄―春材《はるき》―益材《ますき》―晴明〉と続くのだが、嶋丸と粳虫の関わりは不明であり、春材・益材の名は他の史料には出てこない。やはり造作された系図であることは間違いない。左大臣阿倍倉梯麻呂《くらはしまろ》が大化五（六四九）年に死んで阿倍氏の正系は絶え、数系列の枝氏に分かれた。阿倍御主人の家はその一つで、本流と関わりの深い阿倍布施系であった。

七、八世紀に入ってその数が急速に増えた渡来系の群小氏族も、その社会的活動の広がりにつれて位階が昇進してくると、本来の始祖伝承を捨てて大彦命《おおひこのみこと》を祖とする「皇別」を名乗るようになった。つまり「蕃別」から「皇別」に乗り換えて、仮冒《かぼう》し造作した系図を本系帳として朝廷に提出するようになったのである。

このようにみてくると、晴明は、御主人を祖とする名門の阿倍氏の直系ではなく、その周辺にいた阿倍系の枝氏の出ではないか。それも古代豪族阿倍氏の本流につながる布施系ではなくて、その系列とどこかで接点があったにすぎなかったのではないか。すなわち、奈良朝からの名族の出ではなかったがゆえに、学生→得業生になるのも遅れたのではないか、と私は考える。

私の勝手な推測で言えば、晴明の家系は、阿倍野の近くにいて、阿倍系氏族とゆかりのあった難波吉士《きし》か難波薬師《くすし》の系列ではないか。吉士氏の出身地であった朝鮮南部の海岸地方は、古くから「巫覡」の活躍した地域で、今でもムーダンと呼ばれるシャーマン系の巫術がみられる。その問題については「陰陽師と渡来文化」（『しのだ妻の世界』和泉市立人権文化センター、二〇〇四年、所収）で論じたのでここでは深入りしない。

陰陽道に関わる問題群

それでは本章のまとめとして、陰陽道に関わる原論的な問題群を列記しておこう。この八つの問題群のうち第一から第四までは「播磨国と渡来系文化」（兵庫県人権研究協会『研究紀要』第五輯、二〇〇四年）で私見を述べておいたので、ここでは論及しない。

第一、『古事記』『日本書紀』『風土記』『万葉集』などに出てくる古代の「巫覡」の実態を、宗教史のレベルでどのようにとらえるかという問題である。古い史料で確認できる古代の「巫覡」、例えば先に述べた〈常世の神〉や〈設楽神〉騒動などであるが、それらはどのような基盤があって、いかなる回路を通って発生してきたのか。

第二、そのような源流は一体どこにあったのか。縄文・弥生時代からこの列島に存在していた原始的なシャーマニズムと関連があったのかどうか。それとも、新しくこの列島に渡来してきた民間道教系の信仰だったのか。

第三、そういう民間信仰を布教したのは、どういう出自の集団だったのか。〈古代の巫覡→中世の民間陰陽師〉という系譜も想定されるが、この流れは、朝鮮の高句麗・百済・新羅・加羅の民間信仰とどのように関わっていたのか。特に重要なのは、畿内だけではなく畿外にもいた渡来系氏族との関わりである。畿外において、渡来系がとりわけ大きく根を張ったのは吉備・播磨の文化圏だった。そこは米・鉄・塩・石・革の特産地であった。

第四、奈良朝後半から平安朝初期にかけての陰陽師は、官・民を問わず渡来系氏族の出身者が多数だったと考えられる。さらに一歩進めて考えるならば、大陸から伝わった「小道巫術」、すなわち民間道教の流れが、どのようなルートでこの列島に入ってきたのかという問題である。たぶんその流れは、在来系のシャーマニズムとどこかで交差して、この列島独自の「巫術」として広がっていった。

第五、奈良時代の令制によって規定された陰陽寮は、「陰陽・五行」説を中心として天変地異などを予測する枢要な機関であった。当時のテクノクラートの最前線で活躍する有為の人材だったが、それが平安時代に入るとしだいに変質していって、天皇・貴人のパーソナルな御用達となった。

第六、何がそこに作用していたのかを考える場合、ケガレ観念の法制化がまず挙げられる。『延喜式』にみられるように、朝廷は「触穢」の規定をはっきりと明文化した。ケガレ意識が貴族社会で肥大化していくにつれて、貴族お抱えの陰陽家が繁昌したのである。

第七、南北朝を境目として、天皇王権はしだいに衰退していった。それにつれて、朝廷貴族の権勢も、大きな荘園を所有していた寺社の権威も、しだいに形骸化していった。そのような情勢とともに、官人陰陽師の出番もしだいに減っていって、貴族・高僧たちの日記類にもあまり登場しなくなる。

第八、その代わりにさまざまの史料で目立ってくるのが、室町時代からの声聞師や散所法師たちの活動である。彼らは「下級の巫覡」「乞食法師」として賤視されていたが、その根は明らかに民間陰陽道にあった。室町時代に入って、「晴明」伝説が、下層民衆の立場から新たな解釈が加えられて「清明」物語として再生してくるのも、このような新段階に入ったからである。

狐の母から生まれた、呪力を持ったスーパーマン「清明」生誕説話がまことしやかに巷間で語られるようになったのも、そのような風潮が背景にあった。

室町期に入ってからは、声聞師・散所非人と呼ばれた下級陰陽師の活躍が目立ってきた。いくつか編まれた中世の「職人歌合《うたあわせ》」で、なぜ〈医師・陰陽師〉がペアで出てくるのか、そういった問題も見落としてはならない。

彼らは万歳や猿楽などさまざまな芸能の分野にも進出し、近世日本を代表する人形浄瑠璃や歌舞伎が大きく花ひらく基盤をつくった。説経節『しのだづま』でよく知られている「清明」生誕説話は、このような系譜から生まれてきたのである。

第三章　聖神社と「しのだづま」伝説

一　「信太妻」の狐と「化来の人」

狭山丘陵から和泉へ

私はいま、河内平野の南端にある狭山《さやま》丘陵に住んでいる。この原稿を書いている部屋から東の方を眺めると、真正面に葛城《かつらぎ》山と金剛山が見える。いずれも千メートル級の高峰で、大和国（現奈良県）と河内国（現大阪府）の国境にそびえている。その峰続きに西へ目を移すと二上《にじょう》山の雄岳《おだけ》と雌岳《めだけ》だ。こちらは五百メートル級でそんなに高くないが、『万葉集』でよくうたわれている名山である。

和泉国の聖神社

私の家から丘を下ると古い高野《こうや》街道が走っている。高野山に至る旧道で、その道ばたには、地蔵さんや八幡さんなど小祠があちこちにあり、今でも旧村の人たちがお花や線香をあげている。いずれも近世の時代からの古い石造物で、かつて高野詣で賑わった街道だった。戦後に国道が併行して新設されたので、今はさびれて往時の賑わいはどこにもない。

その高野街道を自転車で十分ほど南に行くと、河内長野市に入るが、低い峠の道外れに「安倍晴明塚」がある。三十年ほど前にこのあたりを散歩していて偶然見つけたのだが、史料で調べてみると、江戸時代は小高い塚で観音様を祀った小堂があった。高野詣の客を目当てにした「辻占《つじうら》」がいた場所である。戦争中に焼けてしまって今は塚だけが残っているが、かつての「高野聖《こうやひじり》」に連なる人たちがここの堂守をしていたのだろうか。

狭山丘陵を南に越えれば、古代ではすぐ海だった。わが家の裏山を少し掘れば、今でも貝殻が出てくるが、このあたりに貝塚があったのだろう。

この丘陵地は、古墳時代後期の頃から土器の生産が盛んだった。陶邑《すえのむら》という『日本書紀』に出てくる地名が、今もそのまま残っている。隣接する和泉《いずみ》の丘陵地帯にかけて、当時の窖窯《あながま》の跡が千基以上も発掘されている。その須恵器《すえき》の生産を担ったのは、百済から渡来した人びとであった。

さて、狭山から八キロも歩けば堺の大浜海岸に出る。子どもの頃よく海水浴に行ったが、白砂青松のすばらしい海岸で、目の前に淡路島がよく見えた。だが今では、埋めたてられて堺の臨海工業地帯が造成され、白砂はすべて消え失せた。

私の家の裏山に登ると、そこから信太山《しのだやま》に連なる道が走っている。まだ豊かな自然環境がかなり残っていて、人家もない低い丘陵を越えると、もうそこは和泉の国だ。その途中に、和泉式部にゆかりのある小さい社がある。

和泉の山々を見ながら車で三十分ほど走れば、和泉丘陵の中腹部にある聖《ひじり》神社である。この古社の森が、『枕草子』にもうたわれている信太の森だ。

聖神社と信太首

聖神社は、十世紀の『延喜式』神名帳に記載されている古社で、天武天皇三（六七四）年に勅願によって信太首《しのだのおびと》に祀らしめたのがその起源である。境内に小さな古墳があるが、すぐれた生産技術をもってこの地方の開発に貢献した信太首の墓である。

室町時代から語り継がれてきた説経節『しのだづま』では、安倍晴明はその森に棲んでいた狐が産んだ子とされていた。三十年ほど前、近くに住宅団地ができてからは、信太の森に入っても狐の姿を目にすることはない。だが、晴明を産んだとされている白狐は、今でも聖神社の氏子だった村人たちの伝承の中に生きている。

和泉地方（現大阪府南西部）は、有史以前から日本列島の中でも重要な文化と産業の中心地の一つで、縄文・弥生時代以来の多くの遺跡が散在している。古くから九州へ通じる瀬戸内海航路の終着点だったので、中国大陸や朝鮮半島からはるばるやってきた渡来人の足跡が目立つ。平安時代に編まれた『新撰姓氏録』の「和泉国蕃別」をみればよく分かるが、朝鮮の百済や新羅からやってきた渡来人たちの拠点地域の一つだった。

『新撰姓氏録』は嵯峨天皇の命で編纂され、弘仁六（八一五）年に成立したとされているが、畿内豪族千百八十二氏の家譜である。「神別」「皇別」「蕃別」に分けて本系帳を提出させたが、その先祖が中国・朝鮮半島から渡来した「蕃別」であると明記したのは、三百二十六氏だった。

「和泉国諸蕃」に、「信太首。百済国人。百千後也《はくち》」とある。その先祖の「百千」は、『紀』の神功皇后六十二年条に引用されている『百済記』にみえる「百久至」であろう。信太首は「聖」の神を祀ったとあるが、「ひじり」は「日知り」「火治り」の意である。この一族は陰陽・五行説に通じていて、暦の知識を持っていたのだろう。須恵器製造には窖窯で、土を千度以上の高温で焼かねばならなかったから、「火の神」も祀ったのであろう。

その聖神社のすぐ下を通っている狭い古道が、紀北を経て紀南の新宮《しんぐう》に通じる熊野街道だ。先にみた阿倍野から南下して、堺・和泉府中・岸和田・貝塚・和歌山・海南・湯浅・御坊《ごぼう》を経て田辺に至る。そこから山中を通る中辺路《なかへじ》と海岸沿いの大辺路《おおへじ》に分かれるが、熊野三山へ至るこの道は、平安期から「熊野詣」で賑わった街道だった。

中世の熊野詣と九十九王子

中世の記録を読むと、京都を出発した熊野詣の一行は、淀川を舟で下って摂津に入り天満《てんま》の八軒家に上陸している。そこに窪津王子があった。そのすぐそばに渡辺橋があったので渡辺王子とも呼ばれるが、これが熊野九十九《つくも》王子の第一番目の「王子」である。

王子は、熊野権現《ごんげん》の若王子《にゃくおうじ》を勧請《かんじょう》して祀ってある遥祠《ようし》である。最初は、藤代・塩屋・切目などの七社にすぎなかったが、熊野詣が盛んになるにつれてしだいに増置され、十三世紀初頭では六十一王子に増えた。

それ以降も増え続け、数え方によっては百以上の王子がこの街道筋にある。九十九というのは、数がすこぶる多いという意味で、その王子を巡拝していけば、おのずから「日本第一霊験《れいげん》熊野権現」の社前に詣でることができたのである。

熊野へ参るには　紀路《きじ》と
伊勢路のどれ近し　どれ遠し
広大慈悲の道なれば
紀路も伊勢路も遠からず

これは『梁塵秘抄《りょうじんひしょう》』に出てくる十二世紀頃の流行歌《はやりうた》だ。後白河院によって編まれた今様《いまよう》歌集である。「今様」は、平安中期から流行したが、和讃《わさん》や催馬楽《さいばら》の影響を受けて七五調四句で歌われた。これらの歌は、白拍子《しらびょうし》・遊女《あそびめ》・傀儡女《くぐつめ》らによって広められた。彼女らは摂津の江口や神崎、美濃の青墓《あおはか》や播磨の室津《むろつ》など、往来の多い宿場や港町を拠点にしていた。特に港町では、今様を歌いながら津々浦々を流浪し、その芸と色を売って世渡りしていた遊女がいた。

熊野街道筋で目立つのは、古い由緒のある被差別部落が各地にあることだ。和泉の旧南王子村、貝塚の旧島村、泉佐野の樫井地区、さらに紀州路に入って、湯浅の旧磯脇村、御坊の旧薗村《そのむら》・島村がある。

中世末期からの古い由緒があり、地区の人口が千人を超える大きい部落もある。特に和泉の旧南王子村は、信太丘陵の尾根伝いに歩いても近いので、私もよく訪れている。古い由緒があるこの村の歴史は、盛田嘉徳ほか編『ある被差別部落の歴史』(岩波新書、一九七九年)で知られている。

この村の起源は、古老の言い伝えでは鎌倉時代まで遡る。昔から聖神社と深い関わりがあって、それにまつわるさまざまの民俗的伝承を残している。この村の名は、熊野街道九十九《つくも》王子の第九番目の王子、すなわち篠田《しのだ》(信太)王子のすぐ南にあるところから、南王子村と名付けられた。

ところでこの村は、全国的にみても近世ではあまり類例のない、自治を認められた一村独立の「えた村」であって、庄屋など村方三役も自分たちで選出した。明治維新の頃は四百四十戸を数え、人口も二千人ほどであった。この村の近世史料は『奥田家文書』全十五巻(奥田家文書研究会編、一九六九—七六年)として刊行されている。この村の民俗誌については、郷土史家の乾武俊の綿密な調査がある(『乾武俊著作集』一・二巻、自費出版、二〇〇三—〇四年)。

「杜は信太森」

清少納言が十一世紀初頭に書いた『枕草子』に、「杜《もり》は信太森」という有名な句がある。平安時代から歌枕として数多くの和歌に詠まれてきた「信太森」は、この聖神社の森である。平安期には和歌説話の舞台となり、室町期には民衆の口承文芸で語られた。

親子生き別れの〈葛《くず》の葉狐〉の悲哀を描いた説経節『しのだづま』は、江戸時代には古浄瑠璃『信太妻』となった。さらに享保十九（一七三四）年に竹田出雲によって『蘆屋《あしや》道満大内鑑《どうまんおおうちかがみ》』として劇化された。

聖神社の奥にある信太明神を祀る末社

恋しくば尋ね来てみよ　和泉なる
　信太の森の　うらみ葛の葉

この歌とともに、「葛の葉子別れ」の段は多くの民衆に愛され、説経芝居・人形浄瑠璃・歌舞伎の舞台で繰り返し上演された。狐の母から生まれた安倍童子が、俗人ではとても得られぬ霊力を身に付けて、官人陰陽師として出世するのだが、この物語は、信太の森のすぐそばにあった旧南王子村と深い関わりがあったのではないか。あるいはこのように語り歩いたのは、やはり神社のすぐ近くにある「舞村」にいた陰陽師だったのだろうか。

つまり、この地に住んでいた遊芸民や陰陽師たちのカタリによって、この物語の構想はしだいにふくらませられていき、安倍晴明と結び付けられていったのだろう。

中世後期の頃、この舞村には、聖神社の祭礼の際に舞を奉納する舞太夫が住んでいた。江戸期に入ると、この村の陰陽師が暦を作って売りさばいていたが、簡便な岸和田暦としてよく知られていた。今から三十年前に、この舞村から発行されて襖《ふすま》の下貼りになっていた延宝四（一六七六）年の暦が堺の旧家で見つかり、その展示会がひらかれた。

この舞村も、近在では「宿」と呼ばれて卑賤視されていた。後章で述べるように「宿」「院内」「博士」「万歳」などと呼ばれた在所は、吉凶占い・祈禱・遊芸などを主な仕事にしていた小集落だった。万歳などの門付けの祝福芸をやりながら、暦の作製もやったが、民衆用に作製された廉価で簡便な暦であった。

小栗判官が土車で突っ走った熊野街道

なぜ、聖神社の周辺に、このような陰陽師村があったのか。〈聖《ひじり》〉は「日を知る人」に通じ、「日の善悪を卜《ぼく》する」「巫術《ふじゅつ》祈禱をもって日の性質を変更する」――そういう陰陽道に関わる祭神であると推測したのは柳田國男だった（「毛坊主考」）。この説によるならば、この地に定住した信太首が、自分たちの「聖の神」としてこの聖神社を創建したことになる。

旧大阪市内を出てすぐの阿倍野は安倍晴明の誕生の地と伝えられ、そこに安倍晴明神社があった。その街道をさらに八キロほど南下すると、旧南王子村にたどり着く。つまり、阿倍野から旧南王子村まで、一本の熊野街道でつながっていたのである。

説経節『小栗判官』では、餓鬼阿弥陀仏《がきあみだぶつ》となった小栗判官が、土車に乗せられて熊野の湯の峰までこの道を突っ走った。それで、このあたりでは小栗街道と呼んでいる。旧南王子村にあった演芸場は小栗座と名付けられ、村の氏神である八坂神社の横に「小栗判官笠懸松《かさかけのまつ》」がある。牛頭《ごず》天王を祭神とする八坂神社も、その縁起をたどると道教・陰陽道と深い関わりがある（なお熊野の湯の峰温泉には、小栗判官が不治の病を癒すために入湯したと伝えられる「つぼ湯」が史蹟として保存されている）。

「小栗判官」が蘇生した熊野の「つぼ湯」

あとでみる延宝二（一六七四）年刊の『しのだづまつりぎつね付あべの清明出生』では、清明は安部仲丸（仲麻呂）の七代後裔で、「四天王寺と住吉との間に、一つの庄を開き、代々ここに住み給う」とある（『説経節』平凡社東洋文庫、一九七三年）。

民俗学者の折口信夫《おりくちしのぶ》は、『しのだづま』の物語を語り始めたのは、四天王寺に隷属していた阿倍野の寺奴《じぬ》の系統であろうと推測している。この寺奴とは、あとでみる声聞師《しょうもんじ》のことであった（「信太妻の話」一九二四年、全集第二巻所収）。

古くから伝わる「晴明」伝説をふくらませて、『しのだづま』物語として伝播していったのは、先にみた舞村の陰陽師だったのだろうか。故郷が「信太の森」に近く、同じ街道筋に安倍晴明神社があったとなれば、〈葛の葉狐〉の物語が、晴明伝説と結び付くのは自然な流れであったと言えよう。

南王子村には、史料では明らかではないが、遊芸民の系譜に連なる人たちが近世の時代からいたと思われる。この村で生まれ育った説経師・逵田《つじた》良善師も、その流れに連なるひとりである。各地を遊説し説経節を語って歩いた足跡を詳しく記録した、厖大な日記も公刊されている（『逵田良善日記』解放出版社、二〇〇一年）。古いミカン箱三つにぎっしり詰まった日記帳が出てきて、私のところに持ち込まれてきたのは一九八一年だった。

二　陰陽師集落だった「舞村」

「聖神社」の古い絵図にみられるように、信太の森は千年の歴史の重みを保って鬱蒼《うつそう》と繁っていた。この絵図で、神社の右下の街道沿いの集落が旧南王子村である。もはや訪れる人も少ない神社の参道の入り口に、時の流れにとり残されて、二匹の狛犬《こまいぬ》がじっとすわっている。雨風に晒《さら》されてその顔も見分けがつかぬほど風化してしまった狛犬は、この絵図が描かれたはるか以前からこの場所にすわっていたのである。

さて、聖神社の周辺にあった舞村であるが、『和泉市史』（全二巻、一九六五・六八年）の史料編所収の「泉邦四県石高寺社旧跡 幷《ならびに》 地侍伝」に、次のような舞村についての興味深い記述がある。

此舞村ハ坂本之砦《とりで》城也、依て堀之形少し残あり、砥芦《とろす》舞太夫弐人あり、信太明神祭礼之時、役義相勤る、諸役赦免、陰陽師四五人あり、暦《こよみ》国中に出す、取石《とろす》之池名所也、猶山集に見えたり、砥芦須とも書、昔之証文等にハ取石村とあり、舞太夫あり故、舞村と云、又砥芦須村とも書

この文書は元禄九（一六九六）年の日付がある写本だが、その頃の舞村には、信太明神の祭で役儀を勤める舞太夫が二人、そして暦を発行していた陰陽師が四、五人いたとある。この舞太夫の実態はよく分からないが、幸若《こうわか》舞の大道芸人化した者かもしれない。近世では「舞々」と呼ばれ、通常は二人で舞った。

なおここに出てくる砥芦＝取石は、弘安五（一二八二）年に西大寺の叡尊《えいそん》に三カ条の請文を差し出したことで名が知られている取石の「非人宿」であった。この文書では、中世の取石宿が近世に入って「舞村」になったようにも読めるが、中世も後期に入って、取石宿に隣接して陰陽師集団が居ついた可能性が高い。あるいは取石宿に僧体の非人が入り込んで、大和や摂津にいた声聞師を見習って遊芸や陰陽道に進出したのかもしれな

い。

『和泉市史』の編集に当たった三浦圭一は、収集した史料を分析して次のように言う。中世後期から近世にかけての和泉国内の賤民集落についてみると、「それぞれの郡に、斃牛馬処理などを兼ねたキヨメ集団が二つ、陰陽師・雑芸能・竹細工などを兼ねた集団が一つ存在していた」(「中世から近世初頭にかけての和泉国における賤民生活の実態」『歴史評論』第三六八号、一九八〇年。『日本中世賤民史の研究』部落問題研究所出版部、一九九〇年、所収)。

和泉国の南部では、中世末期のキヨメ集団が近世に入って南王子村となった。そして、陰陽師系集落の一つがこの舞村であった。確かな年月は分からないが、元禄期の頃までには、前者が「穢多」村となり、後者が「宿」村となっていくのだが、日根郡の鶴原宿にみられるようにかなり複雑に分化するケースもあるので、単純にまとめることはできない。

消滅したもう一つの「舞村」

このように和泉地方には、いくつかの陰陽師系の「舞村」があった。和泉市の南にある阪南町で、一九八六年に旧舞村跡が見つかった。関西空港建設のための土砂採取地であったが、そこの埋蔵文化財を調査する際に発掘されたのである(大阪府埋蔵文化財協会調査報告書第一九輯『貝掛遺跡』一九八八年)。

この「舞村」は、文禄三(一五九四)年の太閤検地では、村高三十三石余の小集落だった。元禄期には庄屋もいた独立村だったが、やがて貝掛村の枝郷となって庄屋はいなくなる。享保四（一七一九）年では家数十四戸、人口六十四人である。村の寺は京都知恩院の末寺だった万福寺で、境内に妙見菩薩《みようけんぼさつ》社があった（『阪南町史』上巻、一九八三年）。

妙見菩薩は、北斗七星を神格化した菩薩であり、国土鎮護と家内安全の仏様として信仰されていたが、特に民衆には眼の病気の治癒を祈願する修法《しゆほう》の本尊として知られていた。

この小さな舞村も、北斗法と呼ばれた陰陽道の修法を得意としていたのであろう。妙見信仰を中心とした民間信仰の流布と、舞々などの芸能を業として生活していたのではないか。はっきりした史料は残されていないが、新春の門付け芸だった万歳はこの舞村から出ていたのであろう。

しかし、一八七四（明治七）年には戸数三、人口十二人となり、神仏分離政策の影響もあって、氏神だった妙見宮の名も消えている。そして一八八〇（明治十三）年には戸数二、人口九人となり、大正期に入るとついに消滅した。民間陰陽師系の「宿」の一つは、このように歴史から消えていったのである。

この舞村の発掘調査の結果、耕地が非常に狭いところから、村人全員が農業で生活することはできなかったと推定された。祈禱や門付け芸をやっても、それだけでは食べていけないので、石臼の生産に従事する石工と鋳物師《いもじ》がいたことも分かった。

万歳に進出した陰陽師

和泉の「舞村」もそうだったが、陰陽師系の集落はどこでも新春の門付け芸に出た。いろんな芸能をやったが、最も多かったのは祝祭性の豊かな「万歳」だった。

近世では、秋田万歳・大和万歳・三河万歳・尾張万歳・越前万歳・伊予万歳のように、その国名を冠した万歳が全国各地で盛んに行われた。舞手の〈太夫《たゆう》〉と、鼓打ちの〈才蔵〉の二人一組で、新春の予祝芸をやった。三人以上の場合もあった。正月になると、「勧進場」と呼ばれたそれぞれの旦那場（持ち場）を回った。肩にかついだ大袋に、門付けで貰った米や餅を入れて歩いた。

東北地方も含めて、ほとんどの地方では賤民系の集落から門付けに出た。「院内」「博士」「夙（宿）」などと称された雑種賤民系が多かったが、彼らは民間陰陽師系だった。「穢多」や「非人」の集落から新春の祝福芸に出た場合も少なくない。例えば近世の広島藩では、初春三日間の万歳は「革田《かわた》」のみに許されていたが、この革田は穢多と同義である（沖浦『瀬戸内の被差別部落』解放出版社、二〇〇三年）。

東海地方で目立つのは、「院内」と呼ばれた陰陽師系だった。徳川家の地元ということで、三河万歳は幕府に重用されて、新春には江戸まで出向いた。

のちに吉本興業を中心として近代芸能史にその名を残す大阪漫才も、その源流をたどれば尾張万歳に行き着く。私が三重県で聞き取りを重ねたところでは、「尾張万歳→伊勢万歳→大阪漫才」という系譜もたどれる。その多くが土御門家の支配下の陰陽師系で

奈良の大和万歳。太夫は面を付けている（『近世名所風俗図会』）

門付けをする「夷舞わし」（『近世風俗図譜』）

あって、それらに関する史料は厖大な量がある。

西日本では、鉢叩き・鉢開き・茶筅《ちやせん》などと呼ばれた「空也《くうや》念仏聖」系、それと陰陽師系集落が、万歳や人形《デコ》舞わしをやっていた。四国では、新春の祝福芸として徳島藩の「デコまわし」がよく知られているが、彼らが演じたのは猿楽能にゆかりのある「翁《おきな》舞」であり、「三番叟《さんばそう》」だった。伊予における未発掘の遊芸民の歴史について、最近相次いで注目すべき論考が発表されている（八幡浜部落史研究会『部落史研究報告集』第2―8集、一九九八―二〇〇四年）。

それらの集落は、近世中期に入ると、上方からやってきた役者芸を見習って、歌舞伎にも進出した。いわゆるドサ回りの一座であるが、その村のほとんどの家が参加したので「役者村」と呼ばれた。九州だけでも十数カ所あったが、明治期に入ってからの近代化の過程で、これらの役者村は急速に衰退していった。

第七章でみるように、第二次大戦後まで日本で唯一残っていた役者村が、播州歌舞伎の一座だった。播州（現兵庫県南西部）の東高室《ひがしたかむろ》村に残る言い伝えでは、元禄時代には「高崎播磨」と名乗る有名な陰陽師がいた。その陰陽師たちは中世末から新春には万歳をやっていたが、元禄期に大坂から流れてきた役者に教えられて、万歳芸から歌舞伎へ進出したという。

『しのだづま』の原形

話を『しのだづま』に戻そう。室町期に入ると、狐と人間との異類婚姻譚と結び付けて、天才童子・安倍清明誕生物語が語られるようになった。その祖型となったのが、実際は確かな成立年代も作者も分からないが、室町初期の作と推定される『簠簋内伝《ほきないでん》』（原名『三国相伝陰陽輨轄《かんかつ》簠簋内伝金烏《きんう》玉兎《ぎょくと》集』）である。「清明自序」とあるので、長い間晴明の著作とみられてきた。その解説書として広く流布した『簠簋抄』も注目すべき内容を含んでいる。

この『簠簋内伝』の原名は『三国相伝陰陽輨轄簠簋内伝金烏玉兎集』であって、まことに大げさなタイトルが付けられている。三国はインド・唐・日本であり、金烏は「日」、玉兎は「月」である。「簠簋」は、中国では祭祀の際に供物を盛る祭器の名である。

本書は五巻から成るが、各巻の巻首に「天文司郎安倍博士吉備后胤清明朝臣撰」とある。五巻が体系立てて書かれたのではなく、あとで一書にまとめられたのである。その成立年代も編纂者もよく分からないが、現存する諸本が室町中期以降に限られているところからも十五世紀初頭の頃に成立したと考えられる。この書の成立史については、次の論考を参照されたい（中村璋八『日本陰陽道書の研究』汲古書院、一九八五年。渡辺守邦「『簠簋抄』以前」『陰陽道叢書』第二巻・中世編、名著出版、二〇〇一年、所収。深沢徹編「日本古典偽書叢刊」第三巻『簠簋内伝金烏玉兎集』現代思潮新社、二〇〇四年）。

あとで詳しく述べるが、この「清明自序」は荒唐無稽な筋立てであって、どうみても官人晴明の自序ではない。今日では偽書説が一般的であるが、室町期からずっと晴明の自筆とみなされ、特に民間陰陽師にとっては陰陽道の聖典であった。しかし注意深く読めば分かるように、その自序では「晴明」ではなくて「清明」とされていたのであった。

もう一つ、超能力者・清明誕生物語として挙げておかねばならないのが、やはり室町期に語られていた説経節『しのだづま』である。

室町時代の末期から河原者などの遊芸民によって語り伝えられた説経節では、『さんしょう太夫』『かるかや』『梅若』『愛護若《あいごのわか》』『しのだづま』が五説経として有名だった。口承芸能だった説経節は、戦国時代の大動乱のさなかに一時途絶えてしまったようで、今ではそのカタリの原形を知ることはできない。中世後期の動乱の時代、どうにもならぬ非情な親子の生き別れ哀話として語られていたのであろう。河原者など当時の賤民層が語り歩いた説経節の成り立ちからみて、親子を引き裂いたどうにもならぬ悲劇を、身分差別と連関させて物語る筋立てだったと考えられる。

『しのだづま』がどのように語られていたかは分からないが、幸いなことに『簠簋内伝』の古写本は現存する。それによって室町期に新しく語られるようになった「清明」生誕説話の原形を推察することができる。

『簠簋内伝』→『簠簋抄』と「清明」物語

説経節『しのだづま』の原形は、『簠簋内伝』に近いものだったのではないか。ただし『内伝』は漢文で書かれていたので、それが読めたのはごく一部の文化人に限られていた。その内容が広く知られるようになったのは、通俗的解説書として『簠簋抄』が出版されてからであろう。それをネタにして一挙に「晴明」伝説を大衆化したのが、次にみる『安部晴明物語』だった。

中世から語り伝えられた晴明と道満のライバル物語は、寛文二（一六六二）年刊行の仮名草子『安部晴明物語』によって再生増幅された。浅井了意《りょうい》作とされる絵入り本で、三巻までは安部仲麿《なかまろ》の末裔である晴明の一代記、四―七巻は天文・易学の通俗的な説明である。この本は、室町末期には成立していたと思われる『簠簋抄』の冒頭に載る晴明伝記を基本に据え、それに中世からの伝承説話を組み合わせて巧みに構成されている。

近世に入って延宝二（一六七四）年に『しのだづまつりぎつね付あべの清明出生』という長いタイトルで、説経節の原型に近い形で初めて古浄瑠璃正本が刊行された。

またその頃には、平俗な解説書である『簠簋抄』が各種刊行された。これらの書物によって、狐が産んだ「天才童子」誕生物語が広く知られるようになった。古代から白狐は祥瑞《しょうずい》とされ、『日本霊異記』にも狐の神婚説話が語られていたのだが、白狐の子とされることによって、清明の呪力は人智を超える、と世間は了解したのであった。

その頃はまだ識字率が低く、このような「清明」像は、やはり説経節と人形浄瑠璃での舞台化によって、広く世間に知れ渡ったとみるべきだろう。そして「晴明」と「清明」が混同されて用いられるようになったのだが、民衆の頭に宿っていたのは、説経師が路傍で語り歩き、浄瑠璃で語られる「清明」像であった。

それでは説経節『しのだづま』の原作は、誰によって語り始められたのか。この問題に一歩踏み込んだ労作が、盛田嘉徳の「「しのだづま」について」（『大阪学芸大学紀要』第三号別刷、一九五四年）である。盛田は延宝二年刊行の古浄瑠璃本によって、その原作者は晴明を深く尊んでいる陰陽師系で、「人間以下の狐のような社会的待遇に耐えねばならなかった人たち」と推定した。

具体的に特定することはできないが、旧南王子村に在住し熊野信仰に関わる雑業に従事していた者ではないか、と盛田は言う。さらに、阿倍野の寺奴と推定した折口信夫説を踏まえて、やはり阿倍野に近い西成区にあって、かつては声聞師がいた「夙村」の勝《こっ》間《ま》村の遊芸民だった可能性もあると指摘した。そのような諸説があって、今日ではいずれとも判断できない。聖神社に仕えていた「舞村」の陰陽師たちが語り歩いたという想定も捨てきれない。

しかし「葛の葉子別れ」説話が、誰知らぬ者のない物語となったのは、やはり竹田出雲の『蘆屋道満大内鑑』が全国の芝居小屋で上演されるようになってからであろう。

子別れに際して、森に帰ることを決意した母は、「われはまことは人間ならず……千年近き狐ぞや」とうち明け、「手習い学問精出してさすがは父の子ほどあり、器用者と誉められよ。なにをさせても埒《らち》あかぬ道理よ狐の子じゃものと、人に笑われ誹《そし》られて、母が名迄も呼出すな」というくだりにさしかかると、観衆はみな紅涙をしぼったのであった。

三 「晴明」伝説から「清明」物語へ

霊符「蘇民将来之子孫也」

今では少なくなったが、第二次大戦前の時代では「まじない」として守り札や護符が重用されていた。戦時中に兵隊が「弾よけ」として身に付けていた「千人針」も、一種の護符だった。

疫病除け・火災予防・家内安全のために、門札の下に鎮宅霊符を貼る習慣があった。私がよく見たのは「蘇民将来之子孫也《そみんしょうらい》」という護符だったが、この風習も江戸時代から民衆の間に広まった。

　蘇民将来の話は『備後国風土記』逸文に出ているが、北海にいた武塔神《むとうのかみ》が南海の神の女子《むすめ》に求婚しようと長旅に出た。その途中のある日、夕暮れになったので「将来」という一族の在所で一夜の宿を乞うた。ところが、弟の富裕な「巨旦《こたん》将来」は拒絶し、兄の貧しい「蘇民将来」はこころよく宿を貸して粟飯《あわめし》を献じてくれた。

　旅から八人の子を率いて帰ってきた武塔神は、歓待してくれた兄の蘇民に「吾《あ》は速須《はやす》佐雄《さのお》の神なり」と名乗り、後の世に疫気あれば、蘇民将来の子孫は「茅《ち》の輪」を作って腰に着ければ疫病から免れる、と教えた。そして即夜《そのよ》に、茅の輪を着けていない弟の巨旦一家を悉《ことごと》く滅ぼした。

　各地の神社で六月の夏越《なごし》の祓《はらえ》の際に行われる「茅の輪くぐり」、正月に「蘇民将来之子孫也」と書いた守り札を戸口に貼って疫病除けとするのは、いずれもこの説話に基づいている。

　この蘇民・巨旦兄弟にまつわる「茅の輪」由来譚は、中世後期にはかなり知られていて、陰陽道の極意を伝えるとされた『簠簋内伝』にも採られている。

　注目すべきは『簠簋内伝』では、この宿を求めた武塔神は、牛頭《ごず》天王とされていることだ。鋭い角があり頭に黄牛の面をいただいているが、その本性は毘盧《びる》遮那《しゃな》如来の化身だったという。

　さらに興味深いのは、立派な館に住む長者の巨旦に宿を断られて牛頭天王が困っているとき、松林の中で一人の「賤女」に出会う。彼女は巨旦の「奴婢《ぬひ》」であったが、蘇民将来の家を指して、蘇民は「貧賤にして禄乏《ろくとも》しい」が、慈愛の志を抱いているのできっと泊めてくれるでしょう、と教えてくれた。

南海の竜宮城で首尾よく竜王の娘と結ばれた牛頭天王は、三十七年余をそこで過ごして八人の王子を誕生させた。その八人の王子と八万四千の疫神を率いて、巨旦の立派な館を襲って一族を破滅させた。

この説話は凄い結末で終わる。北天竺《てんじく》に帰った牛頭天王は「疫流神」となって、「今の世に至るまで巨旦が残族を痛まし」めた。そしてその屍骸を切断して、それを五節供に配当し、正月の門松は巨旦の墓の験木《しるし》、鏡餅はその骨肉、三月の草餅はその耳舌、五月の菖蒲粽《しょうぶちまき》はその髪、七月七日の素麺《そうめん》はその筋《きん》、九月黄菊の酒はその肝の血であった。そしてこの説話の最後は、次の文句で終わる。


悪《にく》みても悪むべし、巨旦が邪気残賊。

信じても信ずべし、牛頭天王の部類、八王子等、ならびに蘇民将来が子孫なり。


室町期以降の民間陰陽師は、この牛頭天王説話をよく知っていたに違いない。そして町や村の家々で疫病退散の加持祈禱をするときには、この文句を声高に唱えていたのではないか。

そして、牛頭天王が産ませた八王子は「太歳《たいさい》・大将軍・大陰《だいおん》・歳刑《さいきょう》・歳破《さいは》・歳殺《さいせつ》・黄《おう》幡《ばん》・豹尾《ひょうび》」の神々となった、とこの説話を締めくくる。これらの神々を祀った神社は今日でも、かつて陰陽師系の人たちが住んでいた地区に鎮座していることが多い。第七章でみるが、播磨陰陽師の拠点であった東高室村でも、万歳や歌舞伎興行に出る際には、氏神の太歳神社の境内で、「面かけ」と呼ばれていた「翁舞」を演じ、旅の無事を祈願して出発していったのである。

播州姫路の広峰神社

牛頭天王と広峰神社

平安前期、京の都では、疫病や災害は怨霊《おんりょう》がもたらすという思想が広がり、怨みを抱いて祟《たた》りをなす死霊をなだめるために、御霊会《ごりょうえ》が催されるようになった。

八坂神社として知られている祇園《ぎおん》社の御霊会の始まりは、社伝では貞観十一（八六九）年とされている。わが国最大の夏越《なごし》祭り「祇園祭」として有名になったが、疫病を防ぐ神として祀られたのが牛頭天王であった。

牛頭天王はインド伝来の神であるが、祇園精舎《しょうじゃ》の守護神であると伝えられ、さらに先にみたように『備後国風土記』では疫病神とするところから、御霊会にぴったり

広峰神社の「牛頭天王」守り札（上、左下）と「九星祈願札」（左上）

合う祭神とされたのであった。

この牛頭天王信仰は、大陸から朝鮮へ伝わった民間道教の流れに乗ってこの列島に入ってきたのだが、最初にそれを伝えたのは渡来人の「巫覡《ふげき》」だったと考えられる。

そのような巫術を伝える一団は、渡来系文化の一大拠点であった吉備・播磨地方に住み着いて、播州姫路の広峰神社に牛頭天王を祀った。この牛頭天王信仰を請来《しょうらい》したのは、唐で陰陽・五行説を学んで帰ってきた吉備真備《きびのまきび》であったと伝えられている。その疫病神としての霊験あらたかなことが都にも聞こえ、祇園社の祭神として勧請《かんじょう》されたのであろう。

それを伝えたのが真備だったかどうかはともかくとして、〈広峰神社→祇園社〉という流れを重視すべきだと私は考えている。社務所発行の由緒記には、「牛頭天王総本社として自他共に認められ、皇室国家の庇護もなく唯、大衆の崇敬を得て維持されてきた」とある。

「広峰神社由緒書調書」によれば、広峰山はもとは新羅国山と呼ばれ、「新羅国明神」が祀られていたのであって、朝廷が定めた式内社には入っていなかった（広峰神社に関する古文書は、神栄赴郷『播磨国広峰神社古文書の研究』自費出版、二〇〇〇年、に収められている）。

大和国の旧声聞師系とみられる集落では、あとでみる大和の飽波《あくなみ》のように、広峰神社の末社が氏神となって、牛頭天王が祀られている。

明治維新後は、外来神である牛頭天王は後景に退いて、スサノオノミコトを祭神とするようになったが、荒ぶる神であり朝鮮の新羅と深い関わりがあったスサノオもまた、疫病を鎮めるにふさわしい神格であったと言えるだろう。

祇園社と牛頭天王に関しては数多くの論考があるが、特に牛頭天王信仰の起源については、大和岩雄の『神社と古代民間祭祀』（白水社、一九八九年）に収録された精緻な研究を挙げておく。

一九七〇年代に入ると、この蘇民将来の霊符は、もはや都市部で見ることはなかった。

時たま大和と河内の農村部で散見したが、その多くは被差別部落であった。軒並みにこの霊符が貼られていたのは、先にみた信太の森に近い旧南王子村だった。役行者《えんのぎょうじゃ》を祀る修験道の講が地区内にあったが、その信者たちの家だったのかもしれない。牛頭天王を祭神とする八坂神社も地区内にあって氏神として祀られていたから、その氏子たちが霊符を貼っていたのだろうか。

「陰陽道の祖」とされた吉備真備

室町期に入ると、賀茂・安倍両氏が仕切る官人陰陽師とは、その出自も系統も異なる下級陰陽師が活躍するようになったが、その代表格が奈良の「声聞師《しょうもんじ》」であり、京都の「散所法師」だった。彼らが自分たちの「陰陽道の祖」として担いだのが、吉備真備（六九五―七七五）と阿倍仲麻呂（七〇一―七七〇）であった。

吉備・播磨文化圏は渡来系文化の一大先進地であったことは先にみたが、真備は吉備氏の一族で、もとは下道《しもつみち》真備であった。二十二歳で留学生として唐土に渡った。帰朝時に献上した多くの書物によって、儒学・天文学・兵学・音楽を学んだことが分かる。

帰朝後、阿倍内親王（のちの孝謙・称徳天皇）の東宮学士となって、『漢書』『礼記《らいき》』などを教えた。孝謙が重祚《ちょうそ》して称徳天皇になると右大臣に任じられ、地方豪族の出身としては破格の出世を遂げた。『今昔物語集』では、吉備真備は唐で修得してきた陰陽道で、僧玄昉《げんぼう》を殺した藤原広嗣《ひろつぐ》の霊を鎮めたと書かれている。

確かに真備と陰陽道との関わりは深い。当時最新の暦書を携えて帰ってきて、天平宝字七（七六三）年に儀鳳暦《ぎほう》に替えて大衍暦《たいえん》の制定を具申した。漏刻《ろうこく》・秘術・雑占などの学知と技術も習得し、最先端の天文・陰陽関係の学知を身に付けていた。近世の民間陰陽道家が、その始祖として阿倍仲麻呂と吉備真備の名を挙げるが、『簠簋内伝』にもそのように書かれていたのである。

平安末期屈指の文人だった大江匡房《おおえのまさふさ》の晩年の談話集『江談抄《ごうだんしょう》』では、真備が入唐したとき鬼に襲われるが、幽鬼と化した阿倍仲麻呂の霊力で救われ、唐人が課した難問を次々に解決したという。

この話は母方の祖父である橘孝親《たかちか》から聞いたとしているが、『吉備大臣入唐絵詞《にっとうえことば》』の題材となって巷間に流布した。真備が入唐したときは、仲麻呂は在唐四十年に及んで、ついに故郷に帰ることはなかった。

「晴明」伝説から「清明」物語へ

室町時代に成立したと推定される説経節『しのだづま』と、先にみた『簠簋内伝』は、いろんな意味で深い関連がある。特に興味深いのは「清明自序」と題されている序文と、巻一の「牛頭天王序」である。

「清明自序」では、この『簠簋内伝』の原本は、天竺の文殊菩薩《もんじゅ》から唐の伯道上人に伝授された「文殊の裏書陰陽の内伝集」であったとされている。天皇の命で薩摩から入唐した陰陽博士「清明」は、荊山《けいざん》で伯道上人に出会った。そこで一千日も修行した甲斐あって、清明は伯道上人からその秘書を伝授された。無事難波に帰着した清明は、その書を石櫃《いしびつ》に入れて埋めておいた。

ところが清明の妻の利花が弟子の蘆屋道満と通じて、この書を密かに道満に写させた。それに気付いた清明は激しく道満と争ったが、清明はついに首を斬られた。唐にいた伯道は清明が死んだという霊告を受け、その死を哀れんではるばる日本にやってきて、道満の首を斬って棄てた。そして清明の骨を拾い集め、「生活続命の法」によってその命を再生させた。

「清明自序」の筋立てはこのようにシンプルであって、清明が自ら執筆した序文として一人称で書かれている。最も注目すべきは「晴明」ではなくて「清明」とされていることである。

陰陽道の聖典とされてきた『簠簋内伝金烏玉兎集』では、この原本を中国から持ち帰ったのは「清明」だったとされている。ところが解説書として流布した『簠簋抄』では、持ち帰ったのは清明ではなく吉備真備とされている。

この『簠簋内伝』は、鈔本も十三本現存し、江戸時代に入ってからも版を重ねた。そして仮名交じり文に解読した『簠簋抄』五巻をはじめ数多くの解説書が刊行されて、新しく紡ぎ出された「清明」物語を背景に、民間陰陽師の権威を高める役割を果たした。

『簠簋抄』と『しのだづま』

解説書の『簠簋抄』では、さらにいろんな説話伝説を取り入れて筋立ても増幅され、いくつかの点で大きく改変されている。注目すべきは次の四点である。

第一は、「安倍の童子」の出世譚として語られていること。第二は、吉備真備がこの秘書を持ち帰ったとされていること。清明が持ち帰ったのでは、超能力者「清明」出生譚という重要な部分が語れなくなるからである。第三に、阿倍仲麻呂（安倍仲丸）が登場し、清明は仲丸の末裔とされていること、第四は、清明の母は「化来の人」で、実は狐であったとされていることである。

その概要は、ほぼ次のようにまとめられる。

Ⅰ　遣唐使として大唐に入った吉備大臣は、唐人から課せられた学問上の難問を安倍仲丸と長谷観音の霊力に助けられて解決し、『金烏玉兎集』を請来して無事帰国。

Ⅱ　吉備大臣は、筑波山麓の猫嶋で、大恩ある仲丸の子孫を捜し出してこの秘書を譲った。だが、まだ幼少なので正本だけ渡した。

Ⅲ　大きくなった童子は、鹿嶋明神に百日参籠した際に小蛇の命を救った。そして、その霊力によって竜宮に至り、石櫃と烏薬《うやく》を手に入れ、いろんな鳥の囀《さえず》りが聞き分けられるようになった。

Ⅳ　鳥の声で天皇が病気であることを知り、都に上って「天下無双の博士」の札を出した。この札を見た臣下に召された童子は、鳥に教えられた通りに、寝殿の下の蛙と蛇を捕り棄てれば平癒すると予言した。病が治った天皇は、「かれ程の博士、世にこれなし」と四位に任ぜられ、ちょうど三月なので、その節名の「清明」と名乗るように仰せられた。

Ⅴ　清明の母は、神仏が仮の姿でこの世に現れる「権化《ごんげ》再来の人」であった。化来の人は、もともと生国が定まっていないので、その母も「遊女」となって諸国を遊行して猫嶋に三年間いたが、その時、のちに清明となる童子を産んだ。

Ⅵ　童子三歳の暮れ、「恋しくば……」の一首を残して母は行方知れずとなった。童子は上洛した際に和泉国の信太の森へ尋ね、聖神社に伏し拝んだ。老いた狐が現れて、「我こそ汝が母なれ」と名乗って消えたが、この狐は信太明神であった。その霊力で、清明は「天下に博士の名を馳《は》す」ことができた。

Ⅶ　清明の盛名を知って、薩摩から道満が上京し、験力《げんりき》くらべを挑む。内裏の白州で対決したが、道満が負けて弟子となる。

Ⅷ　近衛院のとき、帝《みかど》の病気を占い、妖姫「玉藻の前」が原因であることを見破る。射られた彼女は下野《しもつけ》国の怪石となった。

Ⅸ　清明入唐して伯道に師事する。弟子の道満は清明の妻の利花と密通し、『金烏玉兎集』を密かに盗み写す。

Ⅹ　帰国した清明は道満に殺されたが、変事を悟った伯道が秘術をもって清明を蘇生させ、ついに道満を滅ぼした。

北条町の周辺には七つの「晴明井戸」があったと伝えられる。現存するのはこの井戸で、第２次大戦後も40軒の用水として重用された。

道満は「印南郡岸村ノ産ナリ」と『播磨鑑』にあるが、その現地、加古川市西神吉町岸に伝えられる「道満井戸」

安倍晴明系と蘆屋道満系

どんな物語でも、主人公のひとり舞台では話が単純になる。筋立てを複雑にして話を盛り上げるためには、どうしてもライバルが必要だ。ヒーローの盛名をより輝かすためには、それに対抗できる実力を備えたアンチ・ヒーローを登場させねばならない。それが蘆屋道満だった。

近世に入って、万歳などの祝福芸を演じ、祈禱や厄払いなどをしながら村里を回った民間陰陽師の中には、もともと蘆屋道満系と名乗っていた者が少なくなかったと思われる。

近世中期に「清明」誕生物語が一世を風靡するようになると、晴明との法術くらべに敗れて、悪者として故郷の播州に流された道満の名を名乗る陰陽師はしだいにいなくなった。各地にいた道満を祖と仰ぐ陰陽師たちも、競って土御門家の支配下に入った。免状をいただくようになると、「道満伝説」に代わって、「晴(清)明伝説」を語り歩くようになった。その在所にあった「道満井戸」も「晴(清)明井戸」と名を変えていった。

各地方で今に語り継がれる陰陽師の話は、もちろん晴明伝説が圧倒的に多い。だが、民間陰陽師の拠点だった播磨には、今でも道満伝説が伝わっている。特に播磨と歴史的にも関わりの深い吉備地方に多いことは注目される。この問題については、高原豊明の労作『晴明伝説と吉備の陰陽師』(岩田書院、二〇〇一年)を参照されたい。

志摩(現三重県)に伝わるドーマン伝説も興味深い。海女が海に潜る時に着ける磯手拭に、海中に潜む悪霊を避けるため、つまり「魔除け」として、ドーマン・セーメーと呼ばれる呪符を縫いつけていたのである。岩田準一の労作『志摩の蜑女《あま》』(アチックミューゼアム、一九四〇年)で詳しく紹介された(一九七一年に子息によって『志摩の海女』と改題して自費出版されたが、絶版で入手困難。なお、岩田準一は柳田國男と親交があった)。

アンチ・ヒーローとして晴明伝説に登場する蘆屋道満は、その出生や活動の実態はよく分からない。道満と推定される人物は、寛弘六(一〇〇九)年の中宮彰子に対する呪詛《じゅそ》事件に関わっていたようである。この事件についての罪名勘文は、秦氏の末流であった明法家の惟宗允亮《これむねのただすけ》が編纂した平安時代の法制書『政治要略』巻七十に載せられているが、文献に道満の名が見えるのはこの一件だけで、それも詳細は分からない。それ以外は、中世の説話伝承で語られたにすぎない。

ともかく蘆屋道満は、室町期に入ると「声聞師」「宿」「院内」などさまざまの名称で呼ばれた在野の法印陰陽師のシンボル的存在になっていったと思われる。その源流は、有史以前まで遡る渡来系文化に連なる「小道巫覡」の集団だったと私は考える。

道満伝説は播磨と深く関わっているが、道満の出自は、兵庫県芦屋の地名の起源となった渡来人・葦屋《あしやの》（芦屋）漢人《あやひと》の傍系だったのかもしれない。葦屋漢人についてはあとで述べるが、和泉国にも、『新撰姓氏録』の「和泉国諸蕃」に「百済意宝荷羅支《おほからき》王より出づ」とある葦屋村主《すぐり》がいた。

道満のような法印陰陽師の源流が民間道教系の「小道巫覡」だったとするならば、「道」が「満ちる」という名前は、たんなる固有名詞ではなくて、普通名詞のように用いられていたのかもしれない。つまり、各地にいた民間陰陽師集団のリーダーが「道満」と名乗り、複数の系統があったことも考えられる。このようにみてくると、実在した個人なのかどうかも分からず、民間陰陽師たちが自分たちのシンボルとして作り出した集団的な記号名である可能性も残されている。

この「道満」伝承には、日本の陰陽道史にまつわる大きい問題が伏在している。道満説話の故地ともいえる播磨国は、畿外系の渡来系文化の拠点であり、古代から朝廷に仕えていない民間陰陽師の一大拠点だった。

四　役行者と韓国連広足

葛城古道と賀茂役君

幼少の頃から、私は「役行者《えんのぎょうじゃ》」と「安倍晴明」に不思議に縁があった。この二人と歴史的な由緒というか地縁のある場所に、私はずっと住んでいたのである。晴明との縁については先に述べたので、次に役行者とのゆかりをみておこう。

私の部屋から真正面に葛城山と金剛山が見え、西側に目を移すと二上山の雄岳と雌岳だ。古代の頃は、この三つの山を合わせて葛城山と呼んでいた。七世紀末の山岳修行者・役行者は、その山裾にあった大和葛木上郡《かつらぎのかみのこおり》茅原《ちはら》（現奈良県御所《ごせ》市）で生まれ、毎日のように葛城山に登って修行し、超人的な験力《げんりき》を獲得した。その行場跡が散在している山腹を見ながら、私はペンを走らせている。

「役行者」は山岳修行の先達として知られ、わが国の修験道の開祖となった。縄文時代のアニミズムでは、ヒトの魂の古里は〈海〉か〈山〉であるとみなされていた。死せばその魂は、再び海か山へ帰っていくと考えられていた。

そういう根源的な〈海〉〈山〉信仰を基盤として、それに中国大陸から伝わった道教的な神仙道、さらに仏教を通じて入ってきた雑密系の呪法も加わって、この列島における修験道が形成されていった。

私が生まれたのは、大阪府の東北部にある箕面《みのお》村だった。標高三百五十メートルの箕面山の山裾にある箕面の滝は、近畿圏では那智の滝に次いで有名だった。古代から山伏たちの行場として知られ、箕面の名は十一世紀の『梁塵秘抄』にもうたわれている。

もちろんそんなことは小さい頃には全く知らなかったのだが、役行者は、この箕面にも十九歳の時にやってきて、その滝元に千日間も籠もり、さらなる験力を身に付けたと語り伝えられている。

このようにして、役行者は修験道のパイオニアとなり、晴明は陰陽道のスーパースターとなった。修験者・役行者の「妖術」と、陰陽師・晴明の「呪術」とは、歴史の深いところで通底したのではないか、と私は考えている。

葛城山麓の奈良県御所にある吉祥草寺。役行者の誕生地とされ、鴨（賀茂）氏の本拠地とされる鴨都波神社も近い。

那智山の青岸渡寺にある役行者像

二上山の右手に、最古の国道だった竹之内街道が、細い一条の線となって見える。この峠を越えると、大和側の葛城の裾野を走る道が「葛城古道」だ。このあたりは古代の豪族だった葛城氏の居住地で、『紀』の「雄略紀」に出てくる葛木坐《かつらぎにいます》一言主《ひとことぬし》神社をはじめ、古い寺社があちこちにある。奈良時代といえば、飛鳥文化・白鳳文化で知られる「飛鳥（明日香）」村が有名だが、この葛城古道を訪れる人は少ない。しかしこの古道の周辺も、飛鳥に劣らぬ古代史の宝庫である。

休火山である二上山の山麓一帯は、サヌカイト（讃岐岩）の原産地だった。六十数カ所の遺跡があって畿内では最大の石器製造所だった。この葛城古道の周辺には『記』『紀』に出てくる先住民の「土蜘蛛」「国栖《くず》」にまつわる遺跡もあちこちに散在している。私は中学校では徒歩部（今流に言えばワンダーフォーゲル部）に、高校では山岳部に入っていたので、このあたりの山々は日曜ごとに歩き回った。あちこちの岩場のくぼみに、役行者の行場跡とされる石積みの小さな祭り場があった。山伏が石で護摩《ごま》壇を設けて、護摩木を焚いて祭祀をやった跡である。

役行者の実名は役君小角《えのきみのおづぬ》である。役《えん》の一族は、葛城山麓の賀茂《かも》氏に仕えていた。『続日本紀』の養老三（七一九）年七月条に、賀茂役君《かものえのきみ》の名が出てくるが、それが役氏の子孫である。

役行者の弟子だった韓国連広足

よく知られているように、役行者は、弟子の韓国連広足《からくにのむらじひろたり》が訴え出たので、鬼神を使役して民を惑《まど》わす山岳呪術師として朝廷に捕らえられ、伊豆に流された。『続日本紀』の文武《もんむ》三（六九九）年五月二十四日の条に記されている。

役小角については、『日本霊異記』『三宝絵』『本朝神仙伝』『今昔物語集』などの平安期の文献に記されている。しかし、その生涯については分からぬところが多い。

小角の伝記を修験道の始祖としてまとめた著述としては、平安末期から鎌倉初期の頃に書かれたと推定される『諸山縁起』（岩波版「日本思想大系」20、所収）が注目される。その中の「金峯山《きんぷせん》本縁起」で次のように役行者を讃えている。

役優婆塞《えんのうばそく》は、大和の国葛城の上葛郡《かつらぎのかみ》茅原《ちはら》郷の人なり。今は姓を改めて高賀茂と成るなり。藤の皮の衣を着、松の葉を食とし、花の汁を吸ひて身命を助け貯《あつ》ふ。三十余年孔雀明王咒を誦《ず》し、難行苦行して大験自在なり。鬼神を追ひ聚めて駈《か》り仕はしむ。吾が国に比《ならび》なし。

それまでの諸本では、「妖術」でもって世間を惑わし、朝廷に捕捉された奇怪な呪術者として描かれている。この縁起では、役行者は十九歳で箕面山に籠もって一千日修行し、二十二歳で熊野に入山したとする。その途中で、魔神から身を守る法を百済の香蔵《こうぞう》仙人に授けられたと伝えている。そして結論として、役行者は、大唐では第三仙人、金剛山では法基菩薩、金峯山では大聖威徳天、箕面寺では竜基（滝本）の大聖不動尊として、それぞれ化現したと物語られる。

さて、役行者の弟子だった韓国連広足である。『続日本紀』延暦九（七九〇）年十一月十日の条に、その子孫だった外従五位下韓国連源《みなもと》は、次のように朝廷に改姓を願い出ている。「私たちはもともと百八十氏に分かれている物部《もののべ》氏の一族でした。ところが先祖の物部塩児《しおこ》は、先祖が使した国の名、すなわち韓国の名を賜わったのです」。そのように韓国氏の由来が記されている。問題なのは、それに続いて次のように朝廷へ言上して、改姓を請願していることである。

故《ゆえ》に物部連は韓国連を賜はる。然《しか》れば、大連の苗裔《すえ》は是れ日本の旧民にして、今、韓国と号するは、還《かえ》りて三韓の新来《いまき》に似《の》れり。唱導《しょうどう》するに至りて、毎《つね》に人の聴《きき》を驚かす。地《ところ》に因《よ》りて姓を賜ふは、古今の通典《つうてん》なり。伏して望まくは、韓国の二字を改めて高原を蒙り賜はらむことを。

この一文によれば、八世紀後半の桓武朝では、朝鮮半島の三韓からの渡来人に対する差別意識がかなり広がっていたことが読み取れる。「韓国」という姓を聞くと、みな「三韓」から最近やってきた「新来《いまき》」の韓人だと勘違いして驚くので、なにとぞ改姓を認めてほしい、その出生の地によって姓を賜わるのが古今の通例なので、高原に改めたいというのだ。注目すべきは、自分たちは「日本の旧民」だと主張しているところだ。

道教に通じていた韓国連

朝廷はそれを認めた。つまり、「韓国連→物部韓国連→高原連」と二回にわたって改姓しているのだ。高原の地がどこなのか特定できないが、和泉国であることは間違いない。全国的に知られていた名族の物部氏にかこつけて韓国氏を物部韓国氏に改めたのだが、さらに韓国を消して高原氏を名乗ったのだ。

北東アジアの政治的情勢の大きい転機となったのは、六六〇年の百済滅亡、そして六六八年の高句麗滅亡だった。その際、多くの難民・流民がこの列島にやってきた。王侯・貴族は「蕃客」として受け入れられたが、下層の民衆に対しては厳しい入国管理制度で対応し、戸籍では王化に服する「帰化人」とされた。そのような時代の流れとともに、これら七世紀後半に新しくやってきた「韓人」に対する賤視観が強まったのである。ヤマト王朝も、遣唐使によって先進文化を摂取する方向に外交政策を切り替えた。したがって、旧三韓国に依存していた文物の導入ルートも、さほど重要ではなくなった。

このような政治的趨勢を見極めた物部韓国連は、先祖伝来の韓国を消して、「高原」という和名の家譜を造作したのである。「韓国」は「辛国《から》」「唐国《から》」にも作るが、本拠地は和泉国和泉郡唐国村であった。今も和泉市には唐国町が現存していて、私の奉職した大学から五分の距離にある。

時代は少し戻るが、『続紀』天平四（七三二）年十月十七日の条によれば、朝廷に仕えてしだいに出世していった広足は「典薬頭」に任命されたが、そのとき外従五位下物部韓国連広足とある。韓国連が、物部韓国連になっているのだ。

典薬寮は朝廷の医療薬事部門を司った役所で、医博士・按摩《あんま》博士・呪禁《じゅごん》博士が置かれた。その下に医師・鍼《はり》師・按摩師・呪禁師、および各科の術を学ぶ医学生《いがくしょう》、薬草園管理者がいた。医師は、薬草その他による医薬の業を修得した。鍼師は脈診・経絡・刺鍼《ししん》などの鍼灸《しんきゅう》の業を修得し、按摩師は今でいうマッサージや体操などの業を修得した。呪禁師は、呪術によって鬼神や病のもととなる魔物を祓う呪術的治療の業を修得した。

当時の韓国（辛国）連について、次の記録がある。『令集解《りょうのしゅうげ》』に引用されている大宝令の注釈書である『古記《こき》』（七三八年前後の成立）の僧尼に関する令文がそれだ。そこには、道教系の呪術的医療のことが書かれており、「道術・符禁《ふごん》は道士法を謂《い》ふ也。今辛国連これを行ふ」とある。道術は道教に基づく呪法であり、符禁は霊符を用いて行う呪禁であるが、これらの術は韓国連が専門にやっているというのだ。

このようにみてくると、韓国連の先祖は、もともとは「巫覡」を職能としていた渡来人だったのではないか。その一族の中から、この広足のように役行者の弟子となった者が出たのだが、それは充分に考えられる成り行きだった。

あとでみるように官人陰陽師も、この広足のように、渡来人の系譜に連なる者が多かったのである。

第四章　柳田國男の「特殊民」研究

一　「特殊民」問題は柳田学の原点

学問上でもマイナーな領域

柳田國男の三十歳代前期の問題関心が〈山人〉〈山民〉にあったことはよく知られている。突きつめて言えば、この列島の先住民族が後来の大集団の圧迫から逃れて〈山人〉になったのではないかという着想であり、日本民族起源論の一環をなす仮説であった。

その〈山人〉論に次いで、当時の柳田が自らの課題とした研究は、〈特殊民〉〈特殊部落民〉と呼ばれていた被差別民の歴史と民俗であった。あとで検討するが、柳田の〈特殊民〉論には、近世の「穢多」「非人」身分だけではなく、その他に分類される「雑種賤民」層が含まれていた。

柳田國男（中）、折口信夫（右）、堀一郎（左）（1950年10月24日、『柳田國男写真集』岩崎美術社より）

近世後期から「穢多」「非人」についてはかなり論じられていたが、この「雑種賤民」についてのまとまった論考は皆無だった。柳田は、歴史の表舞台にあまり登場することがなかったこの集団に着目した。

前期柳田学ともいうべき一連の論考で展開されるが、関連する諸論文は、一九〇九(明治四十二)年から一九一五(大正四)年にかけて書かれた。三十四歳から四十歳にかけての研究である。

深い関心を寄せたのは、「イタカ」「毛坊主」「聖」「舞々」「声聞師」「鉢屋」「鉢叩き」「陰陽師」「宿(夙)」などの、民間信仰の最前線で活躍した遊行者《ゆぎょう》と遊芸民だった。町村でも周縁部というか、分け隔てられた一郭で生活した小集団であった。それまでは学問上でもきわめてマイナーな領域とされていて、古代・中世からの史料を丹念に調べて正面から取り組んだ研究者はいなかった。いわば見捨てられた学問分野だった。

だが、柳田の一連の研究は、そこに一歩も二歩も踏み込んだ開拓者的労作であり、私からみれば日本近代の学問史上でも最も刺激的な論考シリーズである。

これらの論文の大半は、雑誌に発表されただけで、単行本には収録されなかった。おそらく厖大な文献を調べながら書き、書きながら在地の情報を集めるという有様だったので、柳田も完成稿とは思っていなかったのだろう。多くの読者は、戦後の筑摩書房版の『定本柳田國男集』(全三十六巻、一九六二―七一年)で初めて目にしたのであった。

前期柳田学の問題関心

今日的視座から改めて読み直してみても、ワクワクするような問題提起が相次いでいる。未完成稿であるがゆえに、かえってダイヤモンドの原石のような趣がある。〈特殊民〉に関する一連のシリーズを列記しておくと、次のような作品群である。

「木地屋物語」（一九一一年）
「踊の今と昔」（一九一一年）
「「イタカ」及び「サンカ」」（一九一一年九月―一二年二月）
「塚と森の話」（一九一二年）
「巫女考」（一九一三年）
「山人外伝資料」（一九一三年）
「所謂《いわゆる》特殊部落ノ種類」（一九一三年）
「毛坊主考」（一九一四―一五年）

これらの論文に出てくる〈特殊民〉は、後期の柳田学からは消えていく。〈常民〉研究が主たるテーマとなったからだ。しかし私は、この前期柳田学が目指した問題領域こそ、日本の民俗学が究明すべき最深奥部の課題であると思う。日本文化史の周縁部というか、辺界に生きた〈特殊民〉の歴史と民俗を抜きにして、日本の民俗学を体系的に構築することはできない。

そしてまた、中世から近世に至る日本文化史の「輝き」の部分を下支えした広大な裾野が、初めて見えてきたのはこの一連の柳田の研究からだった。そのように私は考えている（このような問題意識については、五木寛之・沖浦『辺界の輝き——日本文化の深層をゆく』岩波書店、二〇〇二年／ちくま文庫。赤坂憲雄との対談「日本文化の伏流水としての被差別民」別冊『東北学』第五号、二〇〇三年二月、を参照されたい）。

私がこの三十年間取り組んできた研究主題は、前期柳田学といろいろな点で重なっていた。若い頃はそういう意識はなかったのだが、結果からみれば柳田の後塵を拝する形で研究を続けてきたことになる。一例を挙げれば、二〇〇一年に上梓した『幻の漂泊民・サンカ』（文藝春秋／文春文庫）である。サンカは発生起源もよく分からず、その歴史的な由緒を確認できる史料もほとんど残っていない漂泊民で、学問的に取り組むにはあまりにもマイナーな集団だった。

今から九十三年も前に、柳田が「「イタカ」及び「サンカ」」という先駆的論考を残してくれていたのが大きいインパクトになった。一読すれば分かるが、柳田のサンカ論は研究ノートの域を出ないのであって、いわば未完の覚え書きである。それが今でもズシリとした重さを持っているのであって、もしこのノートが書かれていなかったならば、サンカ論そのものが民俗学から消えてしまい、私もこの著作を書くことはなかったであろう。

古代の「巫覡」と民間信仰

もう一つ例示しておけば、被差別部落の歴史的研究に先鞭をつけた「所謂特殊部落ノ種類」である。ここでは深入りしないが、戦後だけでも数百冊をこえる被差別部落史の研究書が公刊されている。だが、この柳田の開拓者的論考については、正面から本格的に取り組んだ論文はまだない、というのが私の意見である。常民論の柳田学というイメージが学界で支配的であったから、柳田に傾倒している多くの民俗学者もこの論文を見逃した。

もっとはっきり言えば、この論文に潜在している問題性を見過ごしたというのではなく、柳田の〈特殊民〉論に内在する学問的な凄さが見抜けなかったといった方が適切かもしれない。

先にみた一連のシリーズを視野に入れて、この論文を体系的に論じるためには、民俗学・歴史学はもちろんのこと、宗教学・民族学・地誌学など広い範囲にわたる学際的知見が必要である。そして何よりもまず、ここに出てくる数多くの被差別民の集落を訪れて、その起源や歴史を実地に調べ、ここに引かれている史料を検討せねばならない。

もう一つ特記しておかねばならないのは、これら一連の柳田の論考には、古代・中世の「巫覡《ふげき》」についての深い関心が通底していることだ。すなわち、アニミズムとシャーマニズムを源流とした民間信仰、その系譜を受け継いで民衆社会で布教してきた人びとへの深い関心が基底にあった。

その問題の根本に迫るためには、縄文期からこの列島に自生した文化はもちろんのこと、海を隔てたアジアの各地方から運ばれてきた文化や民俗の、系統の異なるいくつかの大きい流れを視圏に入れねばならない。その先駆的な論考が、一九一一（明治四十四）年に書かれた「踊の今と昔」である。

中国大陸南部の江南地方からの流れ、北方から朝鮮半島を南下してきた北東アジア系の流れ、黒潮に乗って東南アジア海域から北上してきた流れなど、さまざまな潮流があった。それらの多様な流れの中でも、特に中国大陸と朝鮮半島からの渡来人が伝えた文化と民俗に関する歴史民俗学的研究が先行しなければ、古代の民間信仰史は深く掘り下げることができない。そのような重層性と多様性が内包された、実に大きい研究テーマだった。もちろん、今から百年も前のことであるから、その当時の研究資料には時代的な限界があることは柳田も明確に意識していたに違いない。

播磨で過ごした多感な少年期

これらの一連の作品群に流れているのは、日本文化史の表舞台にほとんど浮上することはなかった古代の「巫覡」、そして中世・近世の「遊行者」「遊芸民」についての熱いまなざしである。身分制度史や民衆の生活史にも関わるきわめて学際的な主題であって、中世から近世にかけて渉猟せねばならぬ文献も厖大である。

なぜ柳田が、その問題に着目したのか。そのきっかけになったのは次の二つではないか。第一は、多感な少年期を播磨で過ごした柳田が、近在の被差別民の集落の生活を目のあたりに見ていたことである。第二は、陰陽師の出自で元禄期から地回りの歌舞伎に進出した高室《たかむろ》芝居の旅役者の子どもと、たまたま同級だったことであろう。そういう柳田の原体験が強く作用していたと私は考えている。

物を書くとき、自分の心の底に焼き付いている何かがなければ、なかなか筆は進まない。特に幼少期から青春期にかけての感性の鋭い時代の原体験が重要である。それが下敷きにないと、その主題についての問題関心や、想像力・構想力が湧いてこない。晩年の『故郷七十年』で語っているように、播磨で過ごした少年時代は決定的ともいえる影響を及ぼした。

柳田は北条町の高等小学校の時代に、高室芝居の子役の子どもたちと一緒に遊んだ間柄だった。したがって、年の暮れや初春に門付けにやってくる遊行者、竈祓《かまどばらい》や井戸の清目にやってくる祈禱師、あるいは旅興行に生涯を過ごす遊芸民については、外側から観察している研究者と違って、その思い入れもひとしおだったのではないか。

私は『幻の漂泊民・サンカ』の中で、「被差別民に関心を寄せた六人の碩学《せきがく》」と題する一節を設けて、近代日本を代表する人文系の学者を選んだ。吉田東伍（一八六四―一九一八）、南方熊楠《みなかたくまぐす》（一八六七―一九四一）、鳥居龍蔵（一八七〇―一九五三）、喜田貞吉《きたさだきち》（一八七一―一九三九）、柳田國男（一八七五―一九六二）、折口信夫（一八八七―一九五三）の六人である。

ともすればタコツボ型になりがちな日本の学界にあって、この六人は学際的研究においても際立つ存在だった。丹念なフィールドワークを積み重ねたことも共通している。

いずれも独創的な構想力、精緻な分析力、すぐれた情報収集力の持ち主だった。さらに共通しているのは、日の当たる歴史の表舞台だけでなく、歴史の闇の中に沈んでいった名もなき民衆の姿に熱いまなざしを注いだことである。このうちの四人は本書でも登場する。

二　陰陽師・声聞師・宿・寺中・院内

「毛坊主考」にみえる「ヒジリ」と「シュク」

古代の「巫覡」以後の民間信仰史に焦点を当てて前期柳田学をみていくと、「声聞師（唱門師）」「宿（夙）」「寺中」「院内」「博士」「聖」「舞村」「巫」「神子《みこ》」「算所（散所）」という系譜が浮かび上がってくる。これらの全国各地に散在していた小集団は、それぞれの地域性があって一口でまとめることはできないが、その歴史的系譜をずっと遡っていけば、民間信仰史上では同根とも言うべき集団であった。

このシリーズの到達点である「毛坊主考」について少し言及しておこう。「毛坊主」とは、有髪妻帯し、日頃は農業や山仕事をやっている半僧半俗であって、寺のない辺境の地で葬送や年忌《ねんき》の際に坊主の代役をやった。柳田は、人里離れた僻地に散在していた毛坊主の足跡を探りながら、その前身は「ヒジリ」であったと推測する。

ヒジリには「聖」という字を当てるが、その原義は「日知り」であって、日の善悪や吉凶を占う呪術的な祈禱を主としていた。そして、夙も「毛坊主の一種であつた」と述べて、「シュク」と呼ばれた在所の由緒に注目している。

さらに一歩踏み込んで「シュク」の起源に関する諸説について論究する。柳田が調べたところでは、実に十種類もの「シュク」起源説が江戸時代から述べられていたのであって、それを一つずつ詳しく検討している。

「シュク」は畿内を中心に散在し、万歳などの芸能や日の吉凶に基づく祈禱もやる小集落だった。この「シュク」に類似しているのが、東北の「院内」だった。そして「東国に於て院内と称する一種の陰陽師」も、万歳に進出したと指摘する。三河万歳や尾張万歳もみなこの系統であって、「土御門《つちみかど》家より免許状を受け居る低級の陰陽師で、常は卜《ぼく》筮《ぜい》祈禱を以て業とし……」と述べている。

次いで柳田は、「鉢叩鉢屋と云ふ部落も亦《また》毛坊主であつて、空也派に従属し踊躍念仏《ようやくねんぶつ》を専業とした」と指摘する。これらの徒が、のちに「寺中」と呼ばれて遊芸の世界に進出したと、文献資料を挙げて九州の事例をかなり詳しく紹介しているが、これもそれまでになかった先見的な指摘だった。その多くが、第七章で述べる「役者村」となった。

要するに「夙」「寺中」「院内」「博士」「声聞師」「散所」「陰陽師」などと呼ばれた集団は、その発生起源は古い時代からの巫覡であろうと柳田は考えた。彼らは神道・仏教・陰陽道などを「手当り次第に取交ぜ」て、中世末から近世にかけてさまざまの業態に変容しながら、民間信仰の最前線で活動を続けていった。そして今日まで残った「毛坊主」は、有名な寺社の教線がなかなか届かない僻地・辺地で、民間信仰の主たる担い手となった。そのように柳田は論を進めていく。

「聖」を源流とする賤民の諸系統

これらの「ヒジリ」と呼ばれた巫覡を源流とする雑種賤民層については、その二年後の「唱門師の話」（『郷土研究』一九一六年五月）で、山科言継《やましなときつぐ》の日記『言継卿記』の天文二十三年正月五日条、同じく永禄八年正月五日条などを引いて結論的なまとめを書いている。

北畠や桜町の唱門師に代表される禁裏に召された千秋万歳《せんず》は、土御門家の支配下にあった「土御門唱門師」であった。これらの唱門師は「下級のハカセ即ち陰陽師」であって、祈禱もすれば初春の祝言も唱えた。

その業態は近世の大和・三河などの万歳と同じで、「算置《さんおき》」を兼ねて「歌舞遊芸」を家職とした。算置は、算木で占う易術である。病人があったときには依頼を受けて算を置き祈禱をしたという記述からみても、彼らはやはり陰陽師系だった。祇園社に奉仕していた犬神《いぬじ》人《にん》を弦指《つるさし》・弦召《つるめそ》と呼んだが、彼らも唱門師の一党だと柳田は断じている。

さらに地方の唱門師についても言及する。その職能は巫祝《ふしゅく》・祈禱・彷徨卜占《ほうこうぼくせん》などを主としているが、地域によっていろんな呼び名があった、と実に多くの地方の史料を引用している。ざっとみてみると、伊勢の山田では唱門師は陰陽師・暦師《こよみし》と呼ばれた（『見ぬ世の色』）。越前の万歳は自らショウモンジと称した（『今立《いまだて》郡誌』）、近江の大津のショウモジ部落は寺内《じない》という大字《おおあざ》の神子《みこ》町に住み、夫が唱門師で妻が梓巫《あずさみこ》を業としていた（『閑田《かんでん》耕筆』）など、さまざまの史料を紹介している。そして次のように結論する。

之《これ》を要するに陰陽師と云ひハカセと云ひ万歳と言ひ院内と云ひ寺中と云ひ算所と云ひ或《あるい》は単に太夫と云ひ又唱門師と云うても、此徒《このと》の生活状態又は社会上の地位に一々《いちいち》の区別があつたわけで無く、或る称呼は彼等自ら忌み世間も之を強ひず、部落其者《そのもの》は存して旧名のみが先づ絶えた例は多かつたので、之に基いてヒジリの分類を試みることは決して出来ぬのである。

この論文では、柳田は体系的な結論を述べることなく、未完のままで稿を終える。だが、改めて読み直しても、その触覚の感度の鋭さと精緻な分析力に驚かされる。そして、柳田の論点は、彼らに対する差別の是非を問う問題意識へとしだいに展開し、ほぼ同時併行的に書かれた「所謂特殊部落ノ種類」でより深く掘り下げられていく。

そのような身分差別をめぐる諸問題は別に論じなければならぬ大きい研究課題であるが、それはともかくこの「毛坊主考」は、引用文献も数百点にのぼり、論及される在所だけでも、いちいち数えたわけではないが数百カ所に及ぶ。そこに挙げられている地名を日本地図の上で探すだけでも大変な作業だ。

どういうルートで、どうやって調べたのか詳細はよく分からないが、まだその頃は、民俗学を志向する同好の士が集まって〈特殊民〉に関する共同研究をやっていたという記録は残されていない。たぶん柳田は、独力で調べていったのだろう。

古代を推測させる呪術的集団

ところで、下級の宗教者や遊芸民の多くは、近世社会では、良民と賤民の間に位置する雑種賤民とみなされていた。その問題に関する柳田のまとまった論究は、「所謂特殊部落ノ種類」の結論部分で、「穢多」以外の「他ノ特殊部落」を論じたところにある。そこから重要なポイントを引用しておこう。一連の文章であるが、私なりに三つの項に分けてみておくことにする。

翻《ひるがえ》ツテ他ノ特殊部落ノ歴史ヲ考フルニ、其《その》土着ノ条件ノ如キハ当初略〻《ほぼ》同様ナリシナランモ、其後ノ事情ハ前者ノ如ク必シモ好都合ナラザリシニ似タリ。此徒ノ職業ハ穢多ヨリモ大分上品ナリシモ、上品ナルダケニ多数ノ人口ヲ支フルコト難ク、年々其繁殖スル家族ヲ他ノ地方ニ移動セシムルノ必要ヲ生ジ、而《しか》モ時勢ノ変遷モ亦《また》甚シク彼等ニ不利ナリキ。非人ノ職業ノ沿革ヲ明《あきらか》ニスルコトハ実ハ民間信仰史ノ任務ニシテ、茲《ここ》ニハ其一端ヲ述ブルノ外ナキモ、要スルニ彼等ガ飯ノ種ハ俗間ノ幼稚《ようち》ナル信仰ニ基礎ヲ有シ其《その》基礎ハ教育ノ発達ト共ニ容易ニ変動スベキモノナリキ。

ここで「他ノ特殊部落」と述べているのは「非人」であるが、その中に「雑種賤民」も含まれている。明治期の学問水準では、両者の間には明確な線が引かれていなかった。彼らは皮革生産などの固有の職業基盤があった「穢多」とは違って、生活基盤が脆弱だった。俗間の幼稚な民間信仰に従事していたが、近代に入って教育の発展とともに、彼らの「飯ノ種」である民間信仰の基礎が揺らいでしまったので、その仕事も衰退していったと柳田は指摘する。

我輩ノ想像ニテハ彼等ハ一ノ宗教団体ト言ハンヨリモ寧《むし》ロ行事ヲ主トスル一種ノ魔術団体ニシテ、其口ニスル教義ハ神道仏教陰陽道等手当リ次第ニ取交ゼタル空漠《くうばく》タルモノナリシガ如シ。現時ノ社会ニ於テモ此古代ノ状勢ヲ推測セシムルニ足ルベキ現象ナキニ非ズト言ハゞ、明敏ナル読者ハ点頭セラル、ナラン。

彼らが説いている教義は、神道・仏教・陰陽道などを手当たり次第に混合したもので、「宗教団体」よりも「魔術団体」のごときものだと言う。もちろんこの魔術は「呪術」の意で用いられている。そして現時の彼らの活動には、古代巫覡の情勢を推測させる何かがあると言う。

此団体ノ名称ハ昔ヨリ区々《まちまち》ナリ。或ハ「ハカセ」ト云ヒ陰陽師ト云ヒ、唱門師ト云ヒ

「シユク」ト云ヒ「サン所」ト云ヒ、院内ト云ヒ舞々トモ万歳トモ云フ。皆多クノ共通ノ特色ヲ有ス。彼等ガ任務トシテ最モ普通ナルハ禁厭《きんえん》祈禱及ビ卜占ナリ。疫癘《えきれい》風雨旱蝗《かんこう》ヲ防ギ五穀牛馬ノ増殖ヲ求ムル者ノ為ニ、年々村々ノ民ニ守リ札ヲ配リ慣例トシテ少許《すこしばかり》ノ農産物ヲ貰受ク。普通ニ之《これ》ヲ札配リ又ハ配当ト称セリ。祈禱ノ手段トシテハ色々ノ唱《とな》へ言《ごと》ヲ為シ且《かつ》舞ヲ舞ヒテ神ヲ悦《よろこ》バシムルノ術ヲ為セリ。殊ニ今日ハ殆ド絶エタル郊野ニ於ケル神祭ハ概シテ此徒ノ職業ナリシカト思ハル。

これらの呪術系の団体は、「ハカセ」「陰陽師」「唱門師」「シュク」「サン所」「院内」「舞々」「万歳」など呼び方は異なるが、多くの共通の特色を持っている。彼らの主たる任務は、自然災害や虫害を防ぎ、五穀牛馬の増殖のための禁厭・祈禱・卜占である。村々を回って「守リ札」を配り、祝言を述べ「舞」を舞って神を悦ばせている。

柳田は〈特殊民〉についてこのような開拓者的労作を残したのであるが、しかし、一九二一（大正十）年に発表した「俗聖沿革史」（『中央仏教』第五巻一―五号）を最後として、この〈特殊民〉と呼んだ被差別民集団の民俗学的研究から手を引いてしまった。

堀一郎の蘆屋道満伝説の研究

一九二〇年代に入る頃から、柳田の問題関心は〈常民〉に移っていったが、先にみた〈特殊民〉研究を引き継いだのが娘婿の堀一郎だった。もちろん全面的にとは言えないが、周縁の民に関する研究は『我が国民間信仰史の研究』㈠・㈡（東京創元社、一九五三・五五年）に継承されていった。

特にその㈡の第四部は、「長吏」「夙」「陰陽師」「唱門師」「院内」「散所」などの歴史民俗学的研究が主題である。柳田が先駆者となった〈特殊民〉について、さらに掘り下げて、数多くの史料を補完した労作だった。堀一郎が戦時中に書き継いだこの書で初めて、民間陰陽師のヒーローだった蘆屋道満の在所が世に出たのであった。

賀茂・安倍の両氏によって、平安朝の陰陽道が確立されたことはよく知られている。

賀茂氏は、先章でみた大和国葛城山麓の賀茂（鴨）氏の一族で奈良朝初期の官人だった賀茂朝臣吉備麻呂《かものあそんきびまろ》の後裔を称する。後世の系図類では、この吉備麻呂を右大臣となった有名な吉備真備とするが、もちろんこれは仮冒《かぼう》である。賀茂を名乗る氏族は大和・山城のほか、阿波・讃岐・遠江《とおとうみ》にもいて、陰陽家の賀茂氏がいずれの系統から出たのかは分からない。

さて、堀は次の文献を挙げて、賀茂忠行が暦道を子の光栄に、天文道を弟子の安倍晴明に伝えたいきさつを述べる。『御堂関白記』『小右記』などの日記をはじめ、『大鏡』『栄華物語』『今昔物語集』『元亨釈書』『宇治拾遺物語』『古今著聞集』『古事談』『私聚百因縁集』『十訓抄』『源平盛衰記』『体源抄』などを引用して、中世前期の官人陰陽師について概述している。

次いで、賀茂氏が勘解由小路《かでのこうじ》氏を称し、安倍晴明の血脈を引く陰陽家が土御門家となったいきさつを述べる。しかし賀茂氏は、賀茂在富の世で絶えてしまった。その子孫が南都に残って賀茂氏の庶流・幸徳井《こうとくい》家となったが、「その子孫備中に沈落す」との伝承を紹介している。

その土御門家だけが栄えて、近世陰陽師の総師となった。諸国の陰陽師がいずれも晴明との因縁を説き、東西各地に晴明伝説が残った理由もこの事情に基づく。それが「安倍晴明系の陰陽師の全国的な進出」によるのか、それとも「土御門家の政治力によって全国の陰陽師が統一せられた結果」なのか、そのことは今日の民俗学はまだ明らかにしてはいない、と堀は結論する。

播磨は「陰陽師の一大中心地」

次いで堀は、「播磨国が陰陽師の一大中心地」となっていたと、次のように重要なポイントを指摘している。

賀茂・安倍二氏の教権確立以前に於て、諸国に多くの陰陽師が別に一家の門戸を張れるとのことは、例えば晴明に験《げん》くらべを挑んで敗退した播磨国の陰陽師智徳や、顕光の請によって道長を呪詛《じゆそ》せんとして晴明に露《あら》わされたる同じく播磨の道摩法師あり、野々宮左府公継の一の位に至るべきを占いたる播磨の相人《そうじん》あり、更に溯ってはかの内記入道寂心（慶滋保胤《よししげのやすたね》）に叱咤《しった》せられし播磨国の陰陽師あり、何故か播磨国は中古陰陽師の一中心地たりしかの感がある。

このように述べて、播磨国陰陽師の固有の系統とみられる蘆屋道満について言及する。私が知っている限りでは、歴史民俗学の領域で道満についての最初のまとまった発言である。

姫路付近の三宅村は、陰陽師・蘆屋道満およびその子孫の住みし所と伝えている。もともと佐用郡仁方村に住んでいた後、三宅に移ったという。嘉吉元（一四四一）年、赤松満祐《みつすけ》は道満の後裔の道薫を赤穂郡城山に呼んで、薬を乞うたことがあった。その後道仙なる者が英賀城の陰陽師となっている。道善の時は種々の薬を作って往来の人に施し、これを「三宅の施薬」と称した。大永六（一五二六）年五月二十七日、深志野加茂神社に三宅村の蘆屋道軒を聘《へい》して雨を祈ったことが旧記に見え、天正四（一五七六）年四月七日に、蘆屋道海が播磨の府中めぐりの所見を録したものが今に残っている。これらの記述は、『播磨鑑』『播陽万宝智恵袋』『姫路名勝志』に出てくる史料をまとめて紹介したものであるが、道満の子孫がいずれも「道」を冠した名を受け継いでいたことが分かる。

さらに各地で伝承されている道満伝説について、堀は次のように述べている。最初に引かれている飽波《あくなみ》は、あとで再論するが大和でも古い由緒のある地区である。ここでは「特殊部落」とされているが、「穢多」系ではなくて、近世での身分は「万歳」であった。

大和生駒郡安堵《あんど》村飽波の特殊部落の伝承には、蘆屋道満がこの地に流されてこの村で死んだとあり、その塚もあった。近江国犬上郡北青柳村長曾根の南に非人小屋があるが、その代々の頭《かしら》善五郎はその先祖が道満で、手下に手木の者と称する盗賊狼藉者搦捕《からめとり》を業とする者がいた。当地の非人は京都悲田院の支配を受けず、独立圏をなしていた。さらに『三峰山誌』の記事を紹介して、正平の兵乱で荒頽したのを中興したのは臥行者《がぎょうじゃ》道満であり、その二世として月観道満の名がある。『信達二郡村誌』によると、信夫郡福島町には字名《あざな》として清明塚と道満塚とが相接して並んでいた。

三　民間信仰と被差別民

播州の田原村辻川で生まれる

柳田國男は、維新後まだ数年しか経っていない一八七五（明治八）年、播磨地方の田原《たわら》村辻川（現兵庫県神崎郡福崎町辻川）で生まれた。東西と南北の街道が交差していたので辻川と呼ばれた。東西は京都から播州の中央を通って美作《みまさか》へ、南北は姫路から但馬《たじま》に抜ける生野《いくの》銀山街道だった。辻川は、東西の街道に沿った八十戸ほどの農家集落だった。この辻川で小学校を卒業すると、母の実家がある北条町の高等小学校に入った。

その翌年には、辻川の家を売り払って、一家で北条町の田町に移った。辻川の家では、二世帯で八人の大家族が同居していたため、不幸としかいいようのない悲しい出来事が相次いだ。長兄のもとに嫁いできた兄嫁が母との折り合いが悪くて実家に帰ってしまい、さらに後添えの妻も池に身を投じて自死した。長兄は酒に浸って心労を紛らせようとしたが、一家は悲嘆に明け暮れ、そのことは柳田少年の幼い心にも深い衝撃を与えた。

晩年の『故郷七十年』で、あの辻川の「日本一小さな家」と、北条で出会った明治十八年の大飢饉が、「私を民俗学の研究に導いた一つの理由」だったと述懐している。

晩年の柳田は、「北条は播州の一つの都であつた」と指摘して、次のように述べている。「故郷のことを思ひ出すとき、私には生れた辻川よりもむしろ北条の町の方に印象が強いといふのも、やはり私がいくらか成長した後で住まつた土地のせゐであらうか。北条といふ町はもう少し郷土史の研究家たちによつて探索さるべき土地柄なのであらう」（『故郷七十年』）。

北条の町で実見した大飢饉の状況について、次のように述べている。「私は裏長屋のすぐ隣りの貧民窟の近くに住んでゐたので」、その人たちを救う炊き出しを目撃したが、米粒もないような重湯《おもゆ》を土瓶をさげて貰いにくるのが一カ月も続いた。この裏長屋の「貧民窟」の人たちは、たぶん被差別部落民であろう。子供心に、こうした悲惨事をなんとかなくしたいと、十三歳の頃に『救荒要覧』を読んだと語っている。大学に入って農政学を専攻したのも、このことが大きいきっかけになった。

被差別部落への柳田の目線

ところで、柳田が用いている「特殊部落」「特殊民」という用語は、中世以来ずっと卑賤視されていた被差別民の総体を指すのであって、いわば「賤民」と同義である。

したがって、近世の時代に「穢多」と呼ばれていて、明治期から「新平民」と呼ばれた人たちとそのまま重なるわけではない。しかし、この「特殊部落」「特殊民」の中核にあるのが、かつての「穢多」系列だったことは柳田もよく承知していた。今日でいう部落問題である。

それで、まず見ておかなければならないのは、柳田の部落についての問題関心である（以下、「部落」はすべて被差別部落を指す）。

兵庫県は、被差別部落の人口では全国第一位であり、八十三の市町村に約三百四十部落がある。播州でも数十戸から数百戸に及ぶ中規模の被差別部落が農村部に散在している。もちろん柳田の生まれ育った村にも部落があった。

柳田は晩年の『故郷七十年』で幼少年期を語っているが、部落との出会いについては直接は触れていない。ただ、柳田家のすぐ向いにあって、よくサラ湯に迎えてくれた親切な宿屋が、もとは「番太」であったと記している。もちろん番太も卑賤視されていた下層民であって、この番太については「毛坊主考」「所謂特殊部落ノ種類」の中でかなり詳しく論じている。

しかし柳田が、少年時代から部落差別の問題に並々ならぬ関心を抱いていたことは「『破戒』を評す」（『早稲田文学』一九〇六年第五号）を読めばよく分かる。部落差別の問題に正面から取り組んだ島崎藤村の『破戒』は、刊行されるとすぐにジャーナリズムでも大きく取り上げられ、夏目漱石をはじめ数多くの書評が発表された。その中でも柳田のそれは、ひときわ異彩を放っている。

多くの評者は、部落との実際の出会いの経験なしに、外部からの目で部落で生まれた瀬川丑松《うしまつ》の人間像を論じている。それに対して、柳田は部落の人たちと同じ村里で暮らした原体験を踏まえて、この作品全体の構成について発言している。そして、この小説で描かれている部落民と普通民との関係はあまりに「ひどすぎる」のではないか、ここで描かれている寺は浄土真宗と思われるが、自分の目から見て現実的ではない。「私が他の諸地方で多少観察した所からいへば」と前提して、的確に問題点を指摘しているのだが、もちろんこの地方とは播州である。

「所謂特殊部落ノ種類」をめぐって

柳田の「所謂特殊部落ノ種類」は、部落問題を体系的に論じた学術論文としては、開拓者的労作であった。この論文は、一九一三（大正二）年五月発行の『国家学会雑誌』に掲載された。国家権力との結びつきが強い東京帝国大学法学部の機関誌に、正面から部落問題の歴史と現況を論じた考究が掲載されたこと自体が異例だった。

部落問題研究の先駆者である喜田貞吉が自ら執筆編集していた個人誌『民族と歴史』で、「特殊部落研究号」を発行したのは一九一九年であった。柳田のこの論考は、それより六年も前に執筆された。ここでは深く立ち入らないが、柳田の主要な論点は次の一文によって明らかになる。

吾人ハ既ニ久シク土地ヲ宝物トスル中世思想ノ桎梏《しっこく》ヲ脱シ、職業居処ノ移転ヲ以テ憲法上ノ権能ト考フル者ナルニ、今更他所者《よそもの》排斥ノ趣味ノミヲ墨守シテ此《この》憐ムベキ同国人ニ臨ムベキニ非ズ。成程《なるほど》此徒ノ永年ノ間土地ト密着セザリシハ或ハ別ニ種族上ノ理由アラン。或ハ手工其他ノ芸能ノ頼ムベカリシモノアリシ為、或ハ久シク耕作ニ親マザリシ為、機会アルモ農業ヲ嫌忌シテ之ニ就カザリシハ、最初ヨリ漂泊ヲ性ト為セル外来ノ人民ナリシニ基《もとい》ストモ推測シ得ラレザルニ非ザルモ、帰化人ニシテ朝廷ノ保護ノ下ニ開拓殖民シ一地方ニ血脈ヲ伝フル者少カラズ、他ノ一方ニハ本来ノ日本人種ニシテ課役ヲ避ケ浮浪ト為リシ者甚シク多カリシコトハ古史ニ明カナレバ、別ニ有力ナル傍証ヲ見ザル限ハ未ダ直《ただち》ニ特殊部落ノ異人種ナルコトヲ断定シ難ク、要スルニ土地ト絶縁シテ久シク諸国ヲ移動シツ、アル間ニ、偶然新移住者ヲ警戒シ虐遇《ぎゃくぐう》スル時節トナリ、主トシテ外部ノ原因ノ為ニ著シク社会上ノ地位ヲ低下セルモノト解シテ彼等ガ今ノ境涯ヲ憐マザルベカラズ。

この論考のポイントは次の四点である。

第一、柳田は、定住農耕民を中心に「土地ヲ宝物トスル中世思想」の桎梏から解き放たれるべきだと言う。つまり柳田は、農本主義的な思想から、非農耕民だった彼らを卑賤視する見方を批判しているのだ。ここでは柳田は、農本主義そのものに否定的な姿勢を示していたのである。

第二、近世末から明治期にかけて、被差別部落の起源は「外来ノ人民」とするいわゆる異人種起源論が主流であった。柳田は、「朝廷ノ保護ノ下」で開拓植民となってその地方で帰化人の「血脈ヲ伝フル」ようなケースもあったが、「日本人種ニシテ課役ヲ避ケ浮浪ト為リシ」人民も古史に数多くあったと言う。このように述べて、帰化人説に基づく部落差別論を否定する。

第三、彼らが卑賤視されるようになったのは、「土地ト絶縁シテ久シク諸国ヲ移動シツ、アル」時に、たまたま「新移住者ヲ警戒シ虐遇スル時節」となった。そして、農耕ではなく「手工其他ノ芸能」に従事していたことが、差別された主要因だった。

第四、今日までみられる部落差別は、そのような「外部ノ原因」による差別であって、人間的本性や資質はわれらと全く同じである。したがって「今更他所者《よそもの》排斥」のような古い観念で、「此憐ムベキ同国人ニ臨ム」のは根本的に間違っている。

「特殊部落」「特殊民」という用語

柳田が「所謂特殊部落ノ種類」を書いた頃は、部落史研究は学問的にはまだ未開の分野で、近世の「穢多」「非人」「雑種賤民」に大別される賤民の代名詞として「特殊部落」「特殊民」が用いられていたのであった。

「穢多」に代わって「新平民」が用いられるようになったが、ことさら〈新〉を冠することによって、直ちに旧「穢多」であることが分かるこの呼称は、部落民に忌避された。

それで「新平民」に代わる用語として、一九〇〇年代に入る頃から「特殊部落」が用いられるようになった。〈特殊〉と〈特種〉が混用されるようになるが、要するに特殊(特種)部落という呼称が意味するものは、次のようにまとめられる。

(一) 万世一系の天皇をいただいてきた日本人とは異なる種族である。

(二) 出自・言語・風俗・生活規律等において、普通の市民とは違った特別の集落である。そしてこの特殊は、劣悪・低位を含意している。

(三) 生活実態だけではなく、人間的資質そのものに差別される要因が内在している。

このように「特殊(特種)」という形容詞は、差別を産み出した歴史的な基盤や社会的な関係を明らかにしないで、差別される側の資質と実態を問題にするスリカエの論理であった。支配権力による身分制度の歴史的過程を問題にすることなく、被差別民そのものに差別される原因があるかのように思いこませる、まことに巧妙な政治的造語だった(この問題については『「部落史」論争を読み解く』解放出版社、二〇〇〇年、で詳論したのでここでは立ち入らない)。

一九一一(明治四十四)年一月、幸徳秋水ら〈大逆事件〉被告十二名が死刑に処せられた。明治天皇暗殺計画の名目で、数百名の社会主義者・無政府主義者が検挙された事件であった。

その動きに和歌山県新宮《しんぐう》の部落民が関わっているという情報は、政府を驚愕させた。〈大逆事件〉直後に、再び内務省警保局長に復帰した有松英義の主導下、一九一二年七月に「特殊部落研究会」が地方局で開催され、十一月から開かれた協議会では「細民部落改善協議会」と名称を改めている。官憲筋も、「特殊部落」という語を避けて「細民部落」をはじめ「後進部落」や「少数同胞」などの呼称を用い始めた。

世界的に普遍的にみられることであるが、支配体制から排除されてきた被差別民が、自分たちの集団を適切に表現するネーミングを獲得するまでには、長い闘争の前史が必要であった。まず先祖からの由緒をたどりながら、その集団のアイデンティティを確立していく作業が先行しないと、適切な自己表現を見いだすことはできない。学術教育から長らく疎外されていた人たちにとって、これは容易な仕事ではない。文化を丸抱えしている支配体制は、言語の伝達機能を占有し、一方的な上意下達関係を民衆支配の道具としてきた。古代から明治時代まで、賤視されてきた「周縁の民」の呼称は、すべて支配権力によって、上から一方的に貼りつけられた差別的な記号であった。旧来の賤称に取って代わる新しいネーミングを創出しうる「解放の主体」はまだ未形成だった。

「エタであることを誇りうるときがきた」という「水平社宣言」の有名な言葉にしても、「穢れ多し」という非人間的な呼び名を誇りにせよというのではない。そのような汚名をかぶせられた先祖たちが、「自由・平等の渇仰《かつごう》者・実行者」「産業的殉教者」として、「呪われた夜の悪夢のうちにも、なお誇りうる人間の血は涸れずにあった」。そのことを想起して、人間としての真の自由を求めて苦闘した先祖たちの高い志を誇りにしよう、と主張したのであった。

「質素なる芝居」を見せる旅興行の一座

柳田は高室芝居の子役たちと同級生だったが、その想い出を二カ所で書き留めている。一つは「踊の今と昔」であり、もう一つは「毛坊主考」である。まず前者からみていこう。

（前略）其他佐渡の北海岸の村々に盛んに行はるゝ能の如きも、恐らくは初より系統を異にする者にて、土地僻遠なるが為に完全には中央の為に同化せられ能《あた》はざりしものならん。同じ例は芝居にもあり。市川中村など云ふ芸術家が隙間も無く府県を興行しありく今日にても、猶《なお》村から村へこそ〳〵と質素なる芝居を見せて旅をする数組の団体あり。彼等が郷里は予想外の田舎に在りて一部落を為し妻子を住ましむること近江越中等の行商の如し。筑前博多には昔より此《この》部落あり。豊前長洲《ながす》港に在る者は近年の組織なりと云ふ者あれど、是も亦《また》偶然の発現には非ざるべし。

　自分の生国播磨の北条附近には高室村と云ふ役者の一部落ありき。年中近村を興行しあるき一年に一度は自村に帰りて芸を演じ妻子に見せしむ。今は如何《いか》になりしやを知らざるも、二十五六年前に小学校の廊下にて此村の生徒に迫り折々少しづゝの芸を見せて貰ひしことを記憶す。

冒頭のところは、さまざまの芸能の起源について論じた部分である。中世の猿楽能では、能楽史にその名を残す観世座など大和四座が有名だったが、そのほかにも各地方で数多くの座が活躍していたのであった。その一例として、佐渡の北海岸の村でも猿楽の座が活発に動いていたと指摘する。

そして、このような僻遠の地で演じられた能は、中央のそれとは別系統だと論じて、歌舞伎でも同じ事情だろうと推測する。

今日では、団十郎を名乗る市川系宗家や江戸中村座のような、「大芝居」出身の俳優が全国を興行して名声を博しているが、中央とは別系統の「質素なる芝居」を見せる旅興行の一座があると指摘し、筑前博多・豊前長洲・播州の高室――この三つを挙げているのだ。この「踊の今と昔」は、近代に入ってからの芸能史論で「役者村」について言及した最初の論文だった。

そして播磨の高室芝居の一座は、近くの村々を年中興行で回っているが、年に一度は古里に帰ってきた。子役を演じている同級生に、小学校の廊下でその芸を見せてもらったことがあったが、今はどうしているのだろう、と柳田は述懐している。

播磨座は志久と呼ばれた

「毛坊主考」で、柳田は『振濯録《しんてきろく》』を引用している。この書は安政六（一八五九）年の刊行で、著者は岡本黄中である。大和国葛下郡《かつらぎのしも》高田村に生まれ、国学者・谷山三山の高弟だった。

大和の夙村の富豪であった中野義雅《よしまさ》の依頼によって編纂されたもので、畿内に散在している「宿（夙）」の起源は、古代の土師部《はじべ》であるとして、土師部起源説に依っているが、その成立の事情と内容については『奈良の被差別民衆史』（奈良県立同和問題関係史料センター、二〇〇一年）に詳しい。

この『振濯録』によって、高室の役者村は、地元では「志久《しく》」と呼ばれていたことを柳田は初めて知ったのである。賤視観をこめて隠微に語られる「シク」「シュク」という言葉は、少年の頃の柳田の耳には届いていなかったのだ。このことは柳田を驚かせたようで、その史実を知ってから猛然と「夙」「宿」「志久」についての勉強を始める。

同じ振濯録の中にも、万歳と称して歳旦に人家の門に祝言を唱へる者は志久の一種だとある。御承知の通り大和は万歳の多く出る地方である。又伊勢から獅子《し》頭《しがしら》を舞はして来る者も志久と謂《い》ふとある。獅子舞のことは自分の書きたいと思ふ一項目であるが、伊勢国には殊に盛んである。播州などでは之をば伊勢の大神楽《だいかぐら》と謂つて居る。又同じ書に、芝居の役者に播磨座と云ふのは、此国赤穂の城下及び高室村から出る者で、

此も亦《また》人が志久と呼んだとある。（中略）

　高室から来る少年の二三名は同級生であつた。今でもよく記憶して居るが、学校の廊下などで無理に所望して眼を剥《む》いたり足を踏んだりして見せて貰つたことがある。併《しか》し彼等がシユクであつたと云ふことは、岡本氏の著書に由つて始めて知つた。此類の村は各府県に折々ある。俚言集覧《りげんしゆうらん》の夙者《しゆくのもの》の条に、「夙者は穢多の手下にて、平生の産業は三味線鼓弓《さみせんこきゆう》を弾き小歌を謡ひ、又は小芝居などをして近国をあるき、女子どもは草履草鞋《わらじ》を作り商ひ、吉凶の家に施《ほどこし》を受け渡世いたし、播州姫路網干《あぼし》辺に居り候由、中国にても他国には一切無之《これなき》由、公の御勘定役所の書物にあるよし、或人語りき」とあるのには、或は伝聞の誤もあらう。

柳田は、まず「志久」とは何かを調べて、『俚言集覧』に「夙者」についての記述があるのを見つけた。『俚言集覧』は、近世の三大国語辞典の一つで、成立は十九世紀初頭である。編者は備後福山の藩士で漢学者だった太田全斎で、一九〇〇（明治三十三）年に改編・増補した復刻版が出ているから、柳田はそれを読んだのだろう。ただし、この書に収録されている「夙者」の記述は、実は幕府の法制史料集『法曹後鑑』の史料をそのまま転記したものだった（『徳川禁令考』巻五十、前集第五に収録）。

柳田は、このような志久についての伝聞には誤りがあるかもしれないと述べて、結論を保留している。そして唱門師と呼ばれている集落は「大和摂津等に多き夙の者と同じからんと思へり」と言っている。

第五章　「道々の者」と陰陽道

一　「道々の者」と職人歌合

宮廷陰陽道の衰退

平安時代に入ると、触穢《しょくえ》と災異にまつわる禁忌と儀礼が制度化されたことは先に述べた。

特にケガレにまつわるタブーの増加とキヨメ・ハラエの儀礼の煩雑化は、貴族・官人たちの日常生活を呪縛し、天皇家・公家の「御用達」として官人陰陽師の出番が一挙に増えた。摂関・院政期には、陰陽寮に属する陰陽師はまさに時代の寵児だった。

しかし、鎌倉時代に入ると、天皇王権の衰退と公家勢力の没落とともに、朝廷の陰陽寮の活動も形骸化していった。陰陽家は鎌倉武家政権としきりに接触して陰陽道の再生を図った。だが、戦乱の場で絶えず死穢に触れねばならぬ武士にとって、触穢や殺生禁断のケガレを説いても、本音のところでは馬の耳に念仏だったのではないか。

鳥取県の転法輪寺に伝わる空也像。この寺は「鉢屋」たちの信仰の中心だった。

もちろん毎日が戦陣にある武士にとって、自分の生と死に直接関わる出陣のタイミングは実に重要だった。したがって、戦国大名の多くは、吉凶を占う陰陽師をその戦陣に引き連れていたのであった。

室町期に入ると、公家寺社勢力の経済的基盤だった荘園が守護・国人などの武士勢力によって蚕食され、宮廷に仕えていた陰陽家もその存立基礎が危うくなってきた。それに反比例して、民間陰陽師の出番がしだいに増えていった。新興自営農民の惣村が次々に生まれ、物流・交通関係の発展につれて、各地方でも商業や手工業の分野で新しい地域文化の展開がみられるようになった。それにつれて民間陰陽師の活動の場がしだいに広がっていった。

それではなぜ在地社会で、民間陰陽師の占術や祈禱に対する需要が増えていったのか。農業生産力も高まり、商人や職人も増えていった。農村での牛馬の飼育も増え、惣村が形成されるにつれて識字率も上昇し、農耕儀礼を中心に宮座も組織されていった。

地域社会におけるケガレ観の普及

王都を中心に畿内に広がっていた殺生禁断・肉食禁忌《にくじき》の思想が、室町期に入るとしだいに在地社会にも浸透していくのだが、その第一歩となったのは、天皇家・公家・寺社の所有した荘園における殺生禁断思想とケガレ観の普及だった。鎌倉期に成立したとされる「諸社禁忌」が、各地方の末社まで広がってきたのである。

禁忌の対象とされたのは、産穢・死穢・触穢・服忌《ぶっき》・五躰不具・失火傷胎・妊者・月《げつ》水《すい》（月経）・鹿食《ししぐい》・六畜産・六畜死、および大蒜《にんにく》や葱《ねぎ》などの五辛《ごしん》（五葷《ごくん》）である。十世紀に制定された『延喜式』と比べてみると、禁忌の範囲がますます拡大されていったことが分かる。女人に関わるケガレにしても、出産から月経・妊娠・流産まで範囲は広がっている。

このような禁忌は、各地方の荘園内にある末寺・末社でも、その境内で制札として掲げられるようになっていったのではないか。そして、寺院や神社の聖域から動物の死体をはじめとした汚穢《おえ》を取り除くキヨメの役割を担わされた賤民層が、数は少なくとも寺社の周りに集住させられるようになっていった。

つまり、王都をモデルにして、小規模ではあるが〈ケガレ―キヨメ・ハラエ〉のシステムが、地方にも次々につくられていったのである。

平安前期までは、殺生禁断とケガレに関わる問題は、貴族と権門寺社の問題として考えていけばよかった。しかし、室町期に入ると階層分化が激しくなり、百姓《ひやくせい》身分の中でも物の見方や考え方が違った。殺生やケガレについての観念も同一ではなかった。

土地を持ち、役牛馬を使っている名主《みようしゆ》層などの富裕な農民、なんとか自立した小経営農民、人身的には隷属関係におかれていた貧しい下人《げにん》層――そういう対立構造がはっきり表立ってくる。つまり、ケガレにまつわる禁忌は、㈠死・産・血をめぐる宗教的禁忌の問題であるにとどまらず、㈡〈貴・賤〉〈浄・穢〉などの身分観念に関わるイデオロギーの問題、㈢土地・牛馬などの財の、〈所有〉と〈非所有〉をめぐる階級的な社会問題としても展開していったのである。

社会的生産力の発展と「道々の者」

室町時代における農業生産力の発達とともに、在地社会の経済的基盤も強まり、各地方でもしだいに商工業が隆盛になってきた。

室町時代の『七十一番職人歌合《うたあわせ》』をみれば、さまざまな分野で社会的分業が広まっている状況が分かる。いろんな産業領域で働く職人層、さまざまな商品を売り歩く行商人も、鎌倉時代と比べて飛躍的に多くなった。祈禱師や遊芸民の姿も増えてきた。彼らは「道の者」「道々の者」と呼ばれていたが、農耕に従事していないので、定住せずに各地を渡り歩く漂泊の民も少なくなかった。

室町期に入ると、中世の前期では「非人」と総称されていた賤民層が、「河原者」「えた」「さいく」「宿の者」「清目」「長吏」などの呼称に分化し、領主層の拠点である城下町を中心に各地に散在するようになった。もちろんその発生の起源は、地方によってさまざまであって、一筋縄ではとらえきれない。

京都や奈良の「散所法師」「声聞師」は、寺社や貴族に隷属して、清目・掃除・警固・行刑といった役務を請け負いながら、道普請や築庭、井戸掘り・池掘りなどもやっていた。しかし彼らにしても、度重なる争乱で寺社や権門勢家の権力基盤が崩壊していったので、しだいに有力なパトロンを失って自力で生活していく道を探さねばならなかった。

戦国時代に入ると、各地で戦乱や一揆が相次ぎ、〈下克上〉の風潮が全国的に広がっていった。そして社会的分業の新しい展開とともに、在地社会もしだいに変貌していった。名主層の支配のもとにあった下人層も、自立の道を歩み始めた。

もともと移動性の強かった賤民層も、天下動乱の機に乗じていろんな方向に進出していった。その中には、武士の傭兵として活躍したり、裕福な商人に成り上がる者もいた。田畠を切り開いて農業をやるなどして土地を集積する者も出た。皮革産業に従事する「かわや」「かわた」「さいく」と呼ばれた階層も、その頃から史料に姿を現すようになる。

「職人歌合」の遊行者・遊芸民

「職人歌合」は、いろんな職人が左と右の二方に分かれ、同じ題で和歌を詠み優劣を競う歌遊びだった。勝ち負けの判定はやはり職人である判者が行う。今日まで伝わった職人歌合は、次にみる四種である。『東北院職人歌合』（五番本と十二番本）と『鶴岡放生会《つるがおかほうじょうえ》歌合』が鎌倉時代の作品で、『三十二番職人歌合』と『七十一番職人歌合』は室町期の十五世紀後半に成立したとされる。

実際に和歌を詠んでいるのは、文字に親しむ機会があまりなかった職人ではなくて、身分の高い貴人だった。当時の職人の生態や心情を詠んだ一種の狂歌集である。鎌倉時代の作品では職種が少ないが、室町期の作品になると急激に職種が増えてくる。

建保《けんぽう》二（一二一四）年と序文に記載されている『東北院職人歌合』は、実際の成立は少し下るのではないかとみる説もあるが、平安末期から鎌倉初期の頃の職人像についての貴重な史料である。

その原本とされている「五番本」には、㈠医師《くすし》・陰陽師、㈡鍛冶・番匠《ばんしょう》、㈢刀磨《とぎ》・鋳物師《いもじ》、㈣巫《かんなぎ》・博打《ばくうち》、㈤海人《あま》・賈人《こじん》の計十種が記載され、判者は経師《きょうじ》となっている。この中で民衆の生活に直接関わる職人は、鍛冶・鋳物師と、近世から大工と呼ばれるようになった番匠である。海人は漁師、賈人は商人である。

それが「十二番本」になると、紺掻《こんかき》・壁塗・針磨《はりみがき》・筵打《むしろうち》・船人などの職人と、桂女《かつらめ》・大原女《おはらめ》などの女性の行商人が新しく加わっている。当時の貴族からすれば職人層や商人たちの社会的地位は低かった。狩猟や漁撈《ぎょろう》に従事する者は「屠沽《とこ》の下類《げるい》」と呼ばれて、さらに低い階層とみなされていた。

一味違うのが『三十二番職人歌合』である。それまで無視され賤視されてきた最底辺の職人層にも目を向け、その生態も詠まれている。諸国を旅して歩いて民衆社会の事情に詳しい連歌師の手が入っているのではないかと考えられている。

この四種五作品の中で、「医師」と「陰陽師」がペアになって出てくるのは『東北院職人歌合』の五番本と『七十一番職人歌合』である。

『鶴岡放生会歌合』では「陰陽師」は出てこないが、その代わりに「宿曜《すくよう》の師」「相人《そうじん》」「算道」など易や占いに関わる職種と、「念仏者」「持経者」「持者」など雑多な遊行者が出てくる。「楽天」「舞人」「遊君」「相撲」「白拍子」「田楽」などの遊芸の世界で生きる職人も姿を見せている。この歌合が実際に鎌倉の鶴岡八幡宮を舞台にして作られたかどうか判然としないが、神仏混淆が進んでいた八幡宮らしく、諸国を漂泊する雑芸人や民間布教師が描かれている。

二　「河原巻物」と由緒書

河原巻物をめぐって

民間信仰の布教に従事する「遊行者」、さまざまの雑芸能で生きる「遊芸民」も増えてきた。しかし彼らの民俗誌を調べようとしても当時の史料は少ない。公家や大寺院の高僧の日誌に出てくるだけであって、彼ら自身が書き残した文書は残っていない。その集団の中で語り伝えられてきた先祖の起源説話にまつわる口碑《こうひ》も、中世の時代では見当たらない。あったとしても、後世になってから作られた偽文書類である。

なぜ、何も残っていないのか。特に各地を漂泊する遊行者・遊芸民は、一所不住の無宿者として賤視されてきた。室町期に入ると、その仲間で小集落を営んで、しだいに定住するようになったが、その由緒もよく分からぬ「巫覡」の系統として、周りの百姓・

町人からは卑しい血筋とみられていた。

『さんしょう太夫』『愛護若《あいごのわか》』や『しのだづま』などの有名な説話を語り歩いた「説経語り」にしても、下層の賤民であって文字に親しむ機会はなかった。室町時代がその発生期とみられているが、その頃はすべて口伝《くでん》であって、説経節が板木で印刷されるようになったのは近世に入ってからであった。

しかし、近世も十七世紀後半に入ると、かなり事情が違ってきた。平民より下の身分として卑賤視されてきた職能集団も、数は少ないが民俗資料を残し、貴種に仮託した由緒書を書くようになってきた。

由緒書とは何か。先祖から伝わったいろんな因縁話の集大成であって、それによってその家職の起源と由来を明らかにしようとした文書である。

支配体制の中枢部から排除されてきた「周縁の民」に、なぜ由緒書が必要だったのか。その問題を解明するためには、まず身分制の本質を明らかにしておかねばならない。

身分制とは、血統・家柄を基準としてそれぞれの集団に分類し、その身分ごとに地位と職分を定めて統治する社会システムである。もちろん、それを定めるのは、国家の権力を握っている支配層であった。

前近代の身分制社会では、それぞれの身分によって、日常的な生業とお上《かみ》から課せられる役負担が定められていた。しかもそれは世襲とされ、他の身分の職業へは自由に移れないのが原則であった。戦国の〈下克上〉の時代になるとその原則は崩れていったが、近世に入ると幕藩体制のもとで再び身分統制が強まった。

身分ごとに定められた職域と職能

近世では、それぞれの身分に応じて、その集団ごとに居住ブロックが定められていた。商人は商家の多い町家に、職人は職能別に職人町に集住させられた。下層とされた賤民系も、彼らの仲間だけで特定された一郭に住んだ。そして、居住地を勝手に変えることは認められなかった。

そのような身分政策のもとで、その生活を守り抜いていくためには、先祖伝来の職能を受け継ぎながら、少しでもその職域を拡充していくことが重要だった。

生産力の発展と社会的交通関係の拡大につれて、旧来の分業もさらに分化されて、次々に職業が増えていった。その職域が、平民身分の商人や職人の縄張りなのか、それとも賤民支配下の領域なのか、はっきりしない新しい職能も出てきた。

そうなってくると、職能や職域をめぐる身分間の紛争がよく発生するようになった。「旦那場」「勧進場」「廻り場」「庭場」などと呼ばれた持ち場についての紛争も相次いだ。話し合いがつかぬ場合は藩や村の役人が裁可した。今日のように詳細に規定された実定法がなく、長年にわたる慣習法がまだ有効な時代だった。

だが、幕藩体制が法制的にも整備された十八世紀初頭の享保年間に入ると、識字率が高まったこともあって、在地社会でも文書による取決め・契約が原則となった。文書化された「由緒書」や「家譜」などが裁判の場で役に立った。

享保十（一七二五）年に、関八州の穢多頭弾左衛門が「頼朝公御証文」を奉行所に提出した。その文書には治承四（一一八〇）年九月の日付がある頼朝の印が押されていたが、これはもちろん後世の偽作である。そこでは弾左衛門支配下の賤民の座として二十八座が挙げられていたので、この文書は「弾左衛門由緒書」と呼ばれた。

先祖伝来の仕事の座を守っていくことが重要だったから、弾左衛門は諸国の穢多頭・長吏頭にその写しを送った。この文書は全国の部落に流布されて、紛争が起きたときには、この文書が各地の穢多支配の座の根拠とされて役に立ったのであった。

その後この文書をモデルにして、各地方の被差別部落で各種の「由緒書」が作成された。

初めてこれらの文書類を体系的に論じたのが、盛田嘉徳の『河原巻物』（法政大学出版局、一九七八年）であった。それに続いて、全国各地に残るこの種の巻物類を調査した間瀬久美子の「幕藩体制下における河原巻物の成立と変遷」（『部落問題研究』第六四号、一九八〇年）が発表されて、ようやく河原巻物が学問的にも注目されるようになった。

四十八座を記した河原巻物

私も近世の「穢多」身分の系譜に連なる部落を数多く訪れて、その現物をいくつか目にしていた。各地方にあって、その起源が古いとされる地区には、近世の中期から後期にかけて作成された「由緒書」が巻物にされて伝わっている。私の手元にも一つ預かっているが、長さ六メートル、総字数四千字ほどの巻物だ。山陽道の山深い里の数軒から成る小さな部落の旧家で保持されてきた現物である。

一九八九年の春だったが、その山村の浄土真宗の寺の住職から一通の小包が送られてきた。「私の門徒の家の蔵からこのような書付けが出てきたが、こんな巻物を置いておくと、先祖の由緒が分かって差別の種《たね》にされる。だから焼いてしまいたい、と持参された。だが、焼いてしまっては元も子もなくなる。差別の厳しい時代に、自分たちの来歴と職にまつわる権利を記録してなんとかこの世を生き抜いていこうと、心をくだいて作られた巻物である。なにか部落史研究に役立つ内容が書かれているのではないか」——そういう趣旨の書状とともに送られてきたのである。

私はその村里を訪れたこともなく、住職も未知の人であった。その添状に、『日本の聖と賤』を読むと、河原巻物の歴史的な意義について書かれていたので、これを送ります、とあった。

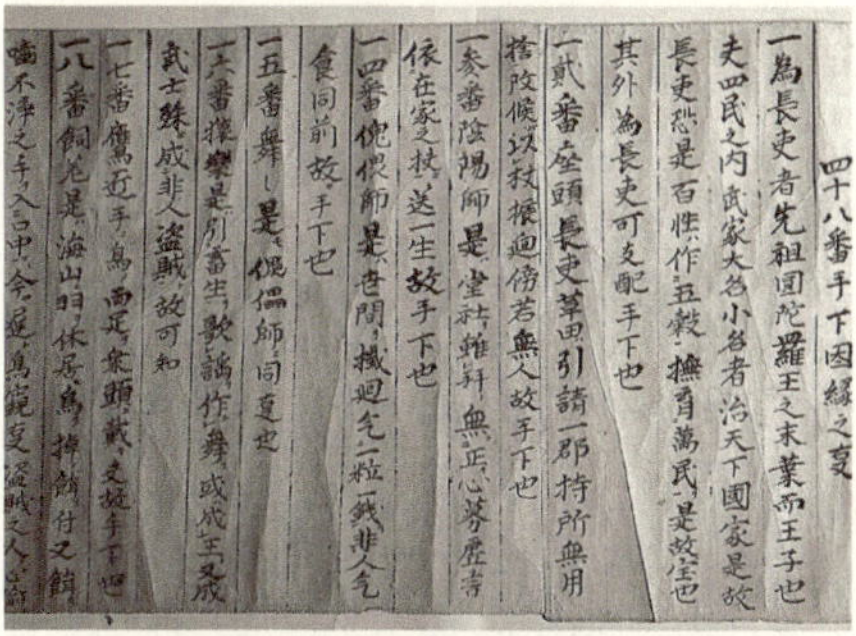
四十八番手下因縁之事
一為長吏者先祖固陀羅王之末葉而王子也
夫四民之内武家大名小名者治天下國家是故
長吏恐是百性作五穀撫育萬民是故住也
其外為長吏可支配手下也
一弐番座頭長吏草田引請一郡持所無用
捨故候以杖撫迴傍若無人故手下也
一参番陰陽師是堂社雑升無正心券歴寺
係在家之杖送一生故手下也
一四番傀儡師是世間撤廻乞一粒一銭非人乞
食同前故手下也
一五番舞し是傀儡師同筭也
一六番猿楽是引畜生歌謡作舞或成王又成
武士殊成非人盗賊故可知
一七番鷹匠手ニ鳥而足ヲ家頭載之故手下也
一八番飼鳥是海山明休居鳥持餌付又餌

二巻の「河原巻物」。参番に「陰陽師」がある。

送られてきた由緒書は二巻あって、その原版とみられる一巻には延享元《えんきょう》（一七四四）年の日付がある。すこぶる達筆で、古文書の専門家でもスラスラとは読めない。もう一巻はそれを分かりやすく解読した別巻と思われるが、おそらくその家の祖先が誰かに頼んで、読みやすい写本に仕立てたものと推察された。穢多支配下の座として四十八座が記されているが、その三番目に「陰陽師」が出てくる。私の奉職していた大学の歴史学の講座担当者を中心に部落問題の研究会をずっとやっていたので、改めて皆で解読した。

流麗な達筆と歯切れのよい文体、そこに盛り込まれている該博な歴史知識――それには驚かされた。それで早速、その住職に問い合わせた。「もう二百年以上も前のことなので見当がつかないでしょうが、その村でこれだけの文章を書ける漢学者か僧侶がいたのでしょうか」。

そうすると、次のような返事があった。戦国時代の頃から、この村の奥にある千メートルの裏山に修験道の道場があって、そこに山伏の集団がいた。この村の「かわた」頭がその山伏に頼んで、読み書きができて学のある修験者に書いてもらったのではないか――そういう話だった。その文書には次の四十八座が記されている。三番に「陰陽師」、六番に「猿楽」が入っていることに注目したい（誤字・当て字もいろいろあるが、私なりに修正しておいた）。

一 長吏、二 座頭、三 陰陽師、四 傀儡師《くぐつし》、五 舞々、六 猿楽、七 鷹匠、八 飼差

（餌差）、九 犬引、十 猿引、十一 石垣師、十二 胸叩《むねたたき》、十三 壁塗、十四 神子《みこ》、十五 箕作《みつくり》、十六 烏帽子《えぼし》折、十七 弓矢師、十八 炮録《ほうろく》売（焙烙売）、十九 塗師、二十 鍛冶・鋳物師《いもじ》、二十一 毛革屋、二十二 櫛引、二十三 弦差《つるさし》、二十四 土器師、二十五 柄巻、二十六 笠縫、二十七 大工、二十八 木挽、二十九 関守、三十 渡守、三十一 隠亡《おんぼう》、三十二 紺屋《こうや》、三十三 青屋坪立、三十四 筆結、三十五 墨師、三十六 石切、三十七 鉦叩《かねたたき》、三十八 簑作《みのつくり》、三十九 瞽女《ごぜ》、四十 髪結、四十一 出子之坊《でこのぼう》廻、四十二 獅子舞、四十三 雪踏《せった》屋、四十四 浄瑠璃語、四十五 蠟燭《ろうそく》屋、四十六 膠《にかわ》屋、四十七 風呂屋、四十八 傾盛《けいせい》屋（傾城屋）

右従源頼朝公代々御朱印有之中頃
延享元子十一月御当家文章院様御代

御大老　酒井雅楽守　大目附　筧《かけい》石見守
町奉行　松平日向守　北御奉行　朽木民部
中目附　河野勘右ヱ門

右御列席之上弾左衛門届出如旧　例え被仰渡《おおせわたされ》候　如斯《かくのごとし》
延享元子年十一月日

「浮鯛抄」と「木地屋文書」

部落に伝わるそのような文書は戦前の時代から知られていたが、学のない賤民が書いた荒唐無稽のフィクションとみなされて、文献史学では無視されてきた。

確かに誤字脱字が多く、その多くは史料的な裏付けがなく、矛盾し錯綜した架空の物語であった。しかし賤民史の視点から民俗資料として読んでみると、きわめて興味深い。虚構の部分が多いが、賤民層が関わった文化芸能・産業技術・民間信仰についての重要な問題がその文書から析出される。一目で偽文書と分かるが、地域の共同体《コミュニティ》から疎外されながらも、苦労して生きてきた先祖の歴史的な由緒とその職の権限を物語る巻物である。

さて「河原巻物」では、その支配の座に「陰陽師」が入っているが、なぜ陰陽師が「穢多」支配下の職能とされたのか。その点で興味深いのは「垂仁《すいにん》天皇御判形之写《うつし》」と呼ばれている巻物である。河原巻物にはいくつかのパターンがあるが、この「垂仁天皇御判形之写」は、厄払いの神として八坂神社に祀られている「牛頭《ごず》天王」にまつわる縁起譚や、先にみた「蘇民将来」の説話などを下敷きにして、その部落に伝わる先祖伝来の由緒を物語る。

各地方の鉢屋や茶筅《ちゃせん》など雑種賤民とみなされた集団でも、「河原巻物」と類似した由緒書が伝わっている。ここでは言及しないが、それを集めた解説書を編纂しても、読みごたえのある一冊が出来上がるだろう。

ところで、山の漂泊民サンカと対比されるのが、海の漂泊民として知られている「家《え》船《ぶね》」である。家船は一所不住の漁民で、諸国の海を漂泊していたので文字を学ぶ機会がなかったが、「浮鯛抄」という由緒書を残している。

『日本書紀』の仲哀天皇二年の条に出てくる神功皇后伝説から始まるこの巻物は、いずれも近世後期の作品と推定されるが、十数種の異本が現存している。そして漁業権を持たぬ家船漁民がこの巻物の写しを見せると、どこの浦浜でも大目に見てくれて漁ができたという曰《いわ》く付きの巻物である（沖浦『瀬戸内の民俗誌』第六章、岩波新書、一九九八年）。

壮大な構想で描かれたこの巻物を読んでみると、仲間内で伝承されてきた口碑をもとにして執筆されたと考えられる。もちろん無文字社会で生活してきた家船の仲間内で作成されたわけではなかろう。彼らと親しく交わり、その歴史に深い関心を寄せていた有識者に依頼して書いてもらったのであろう。

次に木地師たちの「木地屋文書」に触れておこう。

三重県と滋賀県の県境にある鈴鹿山脈は、最高峰は御池岳《おいけがたけ》・御在所山《ございしょ》で、北は関ヶ原の低地を通って伊吹山系に連なり、南は熊野山系に続く。鈴鹿山脈は古来から東西交通の要衝だった。古代には北に不破関、南に鈴鹿関が設けられていた。東海道が通る鈴鹿峠は、箱根に次ぐ難所として知られ、その馬子唄はよく知られていた。

近江側には木地師集団の根拠地が散在し、惟喬《これたか》親王伝説に由来する由緒書を作成していた。不治の病を患った親王が宮廷を追われる「貴種流離譚」として語られている。それを各地の木地師に配布して、西国一帯の木地師を支配下に置いた。

この鈴鹿山系は熊野三山に連なるので、熊野信仰に発した修験道の流れが、伊勢から美濃にわたって伝わっていた。その山麓には、今でも修験道・密教・陰陽道が習合した民俗が残っている。この文書にも修験者の手が入っているのではないかと私は考えている。この山系には漂泊民サンカも散在し、その一部は山中にある被差別部落の周辺に定住した。

海浜に目を転じると、世阿弥作と伝えられる猿楽能の「名曲三卑賤」の一つである、『阿漕《あこぎ》』の故地がすぐ近くにある。伊勢神宮の神域とされる海で、不殺生戒を犯して密漁をし、海に沈められた漁師の悲話が残る阿漕浦である。また一向一揆の際に約二万人の海民が織田信長軍によって殺された〈長島一向一揆〉の現地も、すぐ近くにある。

ところでこの「浮鯛抄」や「木地屋文書」は、各地の部落に伝わる「河原巻物」と実によく似ている。河原巻物では、その部落の歴史を述べながら「穢多」身分に特別に与えられた生業にまつわる特権の由来を物語るのだが、その点でも構造的には同じである。

三　各地方の雑種賤民について

「三昧聖」と「念仏聖」

墓地の葬送に従事した集団は、中世では「三昧聖《さんまいひじり》」と呼ばれた。三昧堂とは、火葬場や墓所にある葬式用の堂である。死者を極楽浄土へ送るために、そこで法華三昧や常行三昧などの修法《しゅほう》を行った。もともと三昧は梵語の音訳であって、心が安定し無念の境地にひたることを意味したが、死者追善の儀礼として三昧修法が行われたので、火葬場や墓場を三昧場と称するようになった。そこで葬儀に関わる僧が、三昧僧と呼ばれるようになった。その指揮下で、墓掘り・埋葬・火葬などに従事する者も、葬儀に関わる下級の宗教者として「聖」と呼ばれたのである。

十五世紀頃から畿内の三昧聖は大寺院の支配下に入るようになり、東大寺系・西大寺系・高野山系などの諸派に組織された。散所の声聞師がそうだったように土木工事などの諸職にも従事し、竹細工や遊芸などの副業もやって生計を立てていたようである。仏教各派の葬送儀礼には独自の民俗色があったので、各地方の「三昧聖」のあり方も多様で、いろんな呼び名があった。しかし、先にみたようなケガレ観念の普及、特に死穢を怖れる習俗が民衆社会に広がるにつれて、三昧聖に対する卑賤観が強まっていった。

近世に入って「おんぼう」と呼ばれるようになり、「御坊」「煙亡」「隠亡」の字が当てられたが、御坊が正字であって、煙亡・隠亡は差別的な当て字である。

畿内に散在していた東大寺系の三昧聖についてはかなりの史料が残されているが、これらの三昧聖の仲間でも、実在しない志阿弥を先祖とする由緒書を作成している。東大寺の竜松院が差配する「御坊聖」は、幕末の頃で約五百カ所あった。畿内を中心に各方に聖惣代《ひじりそうだい》がいて、その傘下で組を編成していた。

確かな史料が残されていないが、畿内から遠い諸国では、時宗の門徒がその役割を果たしていたのではないか。三昧聖と呼ばれたかどうかは別として、一遍を開祖とする念仏宗はケガレを忌避しなかったので気安く葬送にも関わった。中国や九州で「念仏聖」と呼ばれた集団も、畿内の三昧聖のような役目を果たしていたのではないか。特に九州の念仏聖の一部は、近世も後期に入ると遊芸に進出して「役者村」と呼ばれるようになる。

この三昧聖も日常的交際や通婚において差別されていたのだが、今日でもその在所がはっきりしているのは大和や和泉などごく少数である。近代に入ると、寺院との本末関係は消滅し、その組活動も解散させられた。私の少年期の頃では「おんぼう」の俗称だけが残り、三昧聖について語る古老もいなかった。

「三昧聖」→「おんぼう」の系譜について、かなりまとまった史料が残されているのは近世の大和国である。『大和郡山藩郷鑑』（奈良県立同和問題関係史料センター、二〇〇〇年）には、「穢多」「非人」をはじめ「隠亡（煙亡）」「夙」「万歳」「巫女」など多様な被差別民の記載がある。成立年次・筆録者は分からないが、享保年間に作成された公式文書である。

「穢多」がいるのはかなり大きい村だけであるが、非人番の役を担った「非人」は、少人数だがほとんど各村に散在している。「隠亡」もかなりの村々にいるが、外川村のように六十七人もいる在所もある。興味深いのは葛下郡市場村で、穢多家十六軒、隠亡家二軒、非人一軒とあり、末尾に小児医師一人とある。その医師平四郎の右肩に「穢多」

とあって、「牛医も仕《つかまつ》り候」とある。

「茶筅」「鉢叩き」「ささら」

空也《くうや》上人を開祖として在地の小さな教団を形成していた「茶筅《ちゃせん》」や「鉢叩き」も、念仏聖の系譜の中に位置づけられる。

「茶筅」は主として山陽道に分布し、四国・九州・関東にも少数集落として点在していた。茶筅は抹茶をたてる際に用いる竹製の茶道具であるが、細かく竹を割《さ》いて作るので、竹細工の中でも最も精妙な技能と修練が必要である。

「鉢屋」「鉢叩き」「茶筅」の信仰のシンボルとなった京都極楽院空也堂の空也像

竹細工の歴史については『竹の民俗誌』（岩波新書、一九九一年）で詳しく述べたのでここでは立ち入らないが、古くからそれを専業としたのは、農耕に専従する土地を持たない下層の民であった。普通の農家でも竹細工をやることはあったが、それはあくまで自家用として作るのであって、商品として販売することはなかった。つまり、竹細工で生計を立てていること自体が賤視されたのであり、したがって「茶筅」や「ささら」が〈賤〉の身分を象徴する記号として用いられたのであった。

各地に散在していた「茶筅」や「ささら」は、念仏聖の系統である「鉢叩き」とはその発生起源からすればもともと同根であったと思われるが、それを明らかにする史料は残されていない。

山陰地方では「鉢屋」と呼ばれた。中世から京都の極楽院空也堂の門徒たちは、鉢を叩き念仏を唱え茶筅を売り歩いたので、「鉢叩き」「鉢屋」「茶筅」と呼ばれるようになった。

私も空也堂で行われる年一回の大祭に参加したことがあるが、西日本を中心に全国各地から門徒が集まっていた。

近世に入ってからは農業にも従事したが、竹細工を得意として箕《み》や笊《ざる》を製作した。中世の念仏聖の系譜を引くので、「鉢屋」は遊芸も得意だった。近世の元禄期から歌舞伎・人形芝居に進出したが、その史料は『日本民衆文化の原郷』（解放出版社、一九八四年／文春文庫）の第一章で紹介しておいた。人別帳の記載については、各藩によってまちまちである。福山藩では「穢多」「非人」と並ぶ賤民として、「茶筅」も清掃・警固などの役を課せられた。

「茶筅」と類似した賤民としては、伊勢国を中心に東海地方に「ささら」「ささら者」がいた。「簓《ささら》」は中世芸能でよく用いられた楽器で、短冊状の板を紐で編んでそれを打って鳴らす「びんささら」と、竹の先を細かく割って束ねた物を摺《す》り合わせて音を出す

「摺りささら」の二種があった。それを用いて説経節や祭文《さいもん》語りをする遊芸民を「ささら」と呼び、彼らの集落は「ささら村」と呼ばれた。

特に伊勢地方では、そのささらを用いて説経節の一座を組む遊芸民が多く出た。その一部には、近世初頭に大坂まで進出して名をなす者も現れた。在地ではやはり遊芸民として卑賤視されて、賤民として役を課せられた。

『古今要覧稿』で雑種賤民を調べる

文政・天保年間に、屋代弘賢を中心に『古今要覧稿』という全千八部一千巻の厖大な博物誌・風俗誌が計画されたことは先に述べた。屋代は塙保己一《はなわほきのいち》に学んだ国学者で、『群書類従』の編纂にも関わった。

屋代の病没のため五百六十巻までで未完となったが、編集する際に「諸国風俗問状」なる質問状が各地に送付された。各地方の年中行事から冠婚葬祭に至るまで、全百三十一カ条から成る質問状であった。興味深いのは、その百三十条に、「乞食、穢多、諸国に有之《これあり》、此外《このほか》ササラ摺《すり》、茶筌《ちゃせん》作、院内、梓《あずさ》みこの類、異なる職分の者有之候哉」と問うていることである。

この問状では、諸国に「乞食」「穢多」がいることはよく承知していると、この二つについては問うていない。この「乞食」は流浪する野非人を指している。そしてこれ以外の「異なる職分の者」では、どのような者がいるか、その職種を例示せよ、と各藩に問うているのだ。その一例として「院内」「ササラ摺」「茶筌」「梓みこ」が挙げられている。

屋代弘賢は江戸に在住していたので、西国の各藩の民俗事情がよく分からなかったのであろう。この「院内」は関東・東海では民間陰陽師を指していた。そして、夫が陰陽師で妻が「梓巫女」というケースが多かった。

その問状に答えた「備後国福山領風俗問状答」では、「乞食・穢多・ささら摺、茶筅の類」はあちこちにいる、と具体的にその生活風俗を紹介している。特に山陽筋では、この福山藩領に「茶筅」が多かった。「犬神・梓みこ」の類は存在しないが、「相人《そうじん》」と呼ばれる家筋がある。その身分は平民であるが、百姓はこれと縁組しないとある。

ここに出てくる「相人」は、人相・地相・家相などにあらわれる吉凶を占う下級陰陽師を指していた。だが、やはり卑賤視されていたのだろう、「座頭・瞽女《ごぜ》」なども相人の家は訪れないとある。

犬神は、これに憑《つ》かれるとさまざまの災厄がふりかかるとされた俗信であって、それに憑かれたとされる家筋は在地社会では「犬神憑」と呼ばれて縁組も嫌がられた。もちろん何の根拠もない迷信であるが、近代に入っても山陰の出雲地方では、まだその習俗が残っていた。

さらに続けて、「事触《ことぶれ》・大神楽・越後獅子・異形なる売薬師・綱亘《つなわたり》・居合技・金輪切・品玉《しなだま》・曲馬・辻能・山猫舞わし・諸芝居・諸放下《ほうか》等」は、諸国と同じく福山藩の領内を徘徊している、と答えている。ここで「異形なる売薬師」とされているのは、十三香具師《やし》と呼ばれて、「ガマのアブラ売り」などさまざまの売薬や歯の治療に従事した「香具師」の類であろう。

『民族と歴史』誌に寄せられた「院内」の記録

先にみたように柳田國男の「所謂特殊部落ノ研究」は、部落問題に関する先駆的な研究だったが、資料的な限界もあって、手探り的な試論の域を出なかった。そのような問題意識をさらに深化させて、賤民史研究の水位を一挙に高めたのは、次にみる喜田貞吉の一連の研究だった。

柳田の論考が発表されて六年を経た一九一九（大正八）年七月に、喜田貞吉は自ら主宰していた個人誌『民族と歴史』の第二巻一号を「特殊部落」研究の総特集とした。三百頁を超える大冊の大半は喜田が執筆したが、穢多身分を中心に賤民問題の体系的研究の道筋をつけた記念すべき業績だった。

この『民族と歴史』のもう一つの特色は、毎号のように各地方から賤民史関連の投書が寄せられていることだった。学会の研究誌には出てこない興味深い在地資料や見聞記が、次々に紹介された。その多くは、独力で近在の資料を集めている郷土史家であった。「サンカ」「舞々」「かんなぎ」「鉢屋」「三昧聖」「茶筅」「鉢叩き」など、各地でさまざまな名称で呼ばれていた雑種賤民系に関する寄稿も少なくなかった。

その中にはあまり信用できない巷談や噂話の類も含まれているが、改めて読み返してみても、その大半は今日からみれば地方からの貴重な発信であった。これらの雑纂・ルポ類は、今でも一書に編纂する価値があると私は前々から思っている。

それはさておいて、この「特殊部落研究号」の翌月に発刊された第二巻二号に、鎌足上賢の「院内八島《やしま》(唱門師)の事」と題する一文が寄せられている。

八島は、滋賀県東浅井《ひがしあざい》郡湯田村の字《あざ》である。この八島に、古来から「院内八島」と呼ばれている小集落があった。明治維新前には二、三十戸もあったが、現今は十戸以下に減った。この八島は古くから唱門師村であったとして、次のように現況を紹介している。

他部落よりは「ショモジショモジ」と軽賤し、結婚交際も、坂田郡産所(現今三戸)、伊香郡森本(現今三十戸)と通ずるのみ。当字の一隅に川を隔てて一郭をなし、薬師堂にて年中行事の春秋の祭礼をなし、氏神八幡宮の事には更に関係なし。維新迄は伊勢の暦はこの一団より近村に配付する慣例なりし由。又各戸の男女年初には万歳の営業に出づ。師匠寺に詣づれば南の間と限定せられありし。今日では寺のこと、宮のこと、村政上のことにも同等の扱をなし、軽賤することは無けれども、結婚区域の限定と、同じ字の一隅に一団をなすこと等、障壁の撤し難き者あり。

「院内」についてのこの短い報告の中で、次のことが読み取れる。

㈠この「院内」と呼ばれた集落は「唱門師」とも呼ばれていて、八島の中でも川を隔てた一郭をなしていた。㈡その院内の通婚圏は、「産所」と呼ばれた他の二地区に限られていた。㈢維新までは近在の村々に「伊勢暦」を配っていた。㈣初春になると、各戸の男女で「万歳」に出た。㈤宮座や寺の扱いでも近世では差別があったが、今日ではそれもなくなり、村政上ではすべて平等である。しかし、結婚区域とその居住区の限定されていることなど、まだ普通民とは障壁がある。

「院内」＝「唱門師」＝「産所」

この報告によれば、「院内」＝「唱門師」＝「産所」という等式が成り立つ。それらの集落は、暦の配布や初春の万歳に出ていたとあるので、中世後期の声聞師の系譜に連なる民間陰陽師であったと考えられる。通婚と同火の状況は、次節でみるように、本居内遠《もとおりうちとお》の『賤者考』に描かれている紀州の「夙」と同じである。このように京の都に近い近江国には、いくつかの陰陽師集団が散在していたのだが、その起源や歴史を明らかにするまとまった史料は残されていない。

寒川辰清の編で享保十九（一七三四）年に刊行された『近江国輿地志略《よちしりやく》』は、近世の近江国の地誌である。各地に散在する「産所」について、その在所が記載されているが、その沿革については言及されていない。比叡山の延暦寺をはじめ、有名な寺社には散所があったから、そこに声聞師がいた。日吉《ひえ》神社は延暦寺の地主神《じぬしのかみ》を祀った鎮守であったが、そこの日吉神人《じにん》もよく知られている。この院内八島と婚を通じていた産所にしても、中世の声聞師や神人となんらかの関わりがあるとみられるが、その由緒を明らかにした文書はない。

室町期にはその祖型が語られていたとみられる説経節の名曲『愛護若《あいごのわか》』は、その舞台が近江国になっている。主人公の若が飢えている時に四条河原の細工《さいく》に救われ、近江の滋賀峠では田畑之助という下人に助けられる。粟田口《あわたぐち》から叡山に登るのだが、そこに立て札があって、一枚は「女人禁制」、また一枚は「三病者禁制」、今一枚は「細工禁制」とあった。「三病者」とは仏の救いの手も及ばぬ三つの業病で、中世ではおもに癩《らい》者を指した。「細工」は皮剝ぎ・皮革製造をやる河原者と同義で用いられた。

近江の穴太《あのお》散所では、若は三病者の杖で打たれるが、奈良の奈良坂や京の清水坂と同じく、この散所には長吏の支配下に癩者がいたのであろう。

そのように考えると、近江の散所も、寺社に隷属してその庇護下に入り、その代わりに本所に奉仕する人たちが集住していたのだろう。

これらの散所者が「乞食」「非人」と呼ばれた例は古記録に出てくるが、京都の散所は陰陽道や雑芸能をやる声聞師が中心だった。近江の散所もそういう経過をたどったのではないか。「非人」と呼ばれた人たちの集住する場として散所が卑賤視されるにつれて、「散所」という表記を「産所」あるいは「算所」に変えていったのであろう。そしてその核となったのが、伊勢暦や初春の万歳にみられるように卜占・祈禱に従事する声聞師の集団だった。『愛護若』のような説話を語り歩いたのも、このような系列の人びとだったのではないか。

四「宿」にいた下級陰陽師

民間の陰陽師も近世に入ると、次の二種類に大別されるようになった。第一は、土御門家の支配下に入り、免許を得て活動していた陰陽師である。彼らは一応はお上《かみ》からお墨付きをいただいているので、それぞれの地域での活動は公認されていた。

第二は、土御門家の管轄下に入らず、藩や代官所でもその正体が掌握できない巫術系の布教者である。キヨメ・ハラエと称して祈禱をやり、吉凶を占って運勢を見立てる。あるいは死霊・生霊の口寄《くちよせ》をしたり、怪しげな呪物を用いて施薬治療を行った。陰陽道なのか修験道なのか、神道系なのか土俗仏教なのか、そういう教義もはっきりしない巫術である。彼らの系譜やその活動の実態について史料で明らかにすることはむつかしいが、その問題に最初に正面から取り組んだのが、柳田國男の「巫女考」と「毛坊主考」であった。

このような巫術者は、山中で修行するなどして、独自の方法によってそれなりに霊力を身に付けていた。それで世間では「行者」と呼ばれたが、「カンナギ」「ミコ」と呼ぶ地方もあった。

東北地方では口寄するミコを「イタコ」と呼んだ。古くから神がかりする巫女を「イタ」と呼び、それに子を付けたのである。梓弓《あずさゆみ》の弦《つる》を鳴らして死霊の口寄をするミコは「アズサミコ」(梓巫女)と呼ばれ、畿内を中心に分布していた。

『七十一番職人歌合』に描かれている「イタカ」(移他家・板者・異高)は、死者供養のため板の卒塔婆《そとば》に追善の文字を書いて経文を読み、川や海に流した。おもに東国で小集落を形成し、海や川沿いの村々を徘徊したが、それだけでは生活できないので、初春には夷《えびす》や鍾馗《しょうき》などの画像を配って門ごとに祝言を唱えて歩いた。一休の『自戒集』に、「商人唱門士板者《いたか》強党異類異形人畜ノ間」という注目すべき記述がある。

なお「職人歌合」では、医師と陰陽師がペアになっていることは先に述べたが、『七十一番職人歌合』で「イタカ」とペアを組んでいるのは「穢多」である。

宿・夙とは何か

民間陰陽師は、各地方の自然風土的な特徴、その地域の文化民俗の独自性によって、その在所では、さまざまな俗称で呼ばれていた。これまでにいくつか実例を挙げたが、「シュク」「シク」(宿・夙)、「ショウモンジ」「ショウモン」(声聞師・唱門師)、「インナイ」(印内・院内)、「ハカセ」「ハクシ」(博士)、「サンジョ」(散所・産所・算所)、「ジチュウ」(寺中)、「レキダイ」(歴代)、「マイマイ」「マイムラ」(舞々・舞村)、「マンザイ」(万歳)、「カンナギ」(巫)、「ミコ」(巫女・神子・御子)など実に多様である。九州の薩摩藩では、「ケイガ」「ケンゴ」(慶賀)と呼ばれていた。

これらの俗称は、民間陰陽師が持っていたいくつかの職能的特質の、ある側面を強調した呼び名であって、記号論的にみても興味深い呼称である。その中でも民間陰陽道の歴史的な発生起源との関連で、一番注目されるのは「シュク」である。

「シュク」または「シク」と呼ばれて、「宿」「夙」の字が当てられている。近世初期までは「宿」、それ以後は「夙」と書かれている場合が多い。大和・山城・河内・摂津・和泉の五畿内を中心に、各地に散在していた小集落で、平人である良民と被差別民である賤民との中間に位置するとされていた。

現在の府県別で言えば、奈良・京都・大阪にかなり分布し、特に奈良県では、中世の時代から「大和七宿」と呼ばれて、その在所はよく知られていた。そのほか、和歌山・兵庫・滋賀・三重の各府県に少数であるが点在している。

近世の幕藩権力による身分政策では、「穢多」「非人」身分は、一般の平人とは通婚はもちろん、同火・共食などの日常的交際も表向きは絶たれていた。宗門人別帳においても、平人と区別されて別帳化されるか、あるいは末尾にまとめて記載されていた。

「宿」「夙」の場合は、平人に類する者として身分上は別帳化されることはなかったが、その在所では、良民とは異なる「下り《さが》」者とみなされていた。百姓や町人などが、自分たち平人よりも下の身分とされている者を「下り」と呼んだのである。

この「下り」は多種多様な賤民の総称としても用いられ、戦前の近畿圏でかなり広く通じた差別呼称であった。地域によっては「はなれ」と呼ぶこともあった。普通の村里から孤立し隔離されている所という意味である。

『賤者考』における「シュク」

ところで、畿内を中心に散在している「シュク」は、どのような身分でいかなる仕事を家職としているのか、江戸幕府でもよく分からなかったようである。東国で「シュク」が知られるようになったのは、本居内遠の『賤者考』が学識者の間で読まれるようになってからであろう。

本居内遠（一七九二―一八五五）は、江戸後期の著名な国学者だった。本居宣長の養子で紀州徳川家の侍講を勤めていた本居大平《おおひら》の女婿となり、その家督を継いで紀州徳川家に仕え、晩年は江戸へ出て古学館教授を勤めていた。藩命により『紀伊続風土記』の編纂に従事して紀州各地を調査したが、この『賤者考』は、その探査行で見聞した資料に基づいて執筆されたもので、いわば副産物だった。

紀州の各地を実地踏査してみると、藩で掌握している「穢多」「皮多《かわた》」のほかに、さまざまな賤称で呼ばれている小集落があることに気付いた。これらの賤視されている集団が実に多様で、その呼称もさまざまであることに驚いたのであろう。内遠は古学にもよく通じていたので、それらの小集落の起源についても深い関心を抱いた。それで別に「賤民」論を一冊にまとめようと考えた。しかし体系的な賤民史論として叙述することなく、未完の覚え書きに終わった。

この『賤者考』では、古代から近世に至るまでの賤民史が簡単に概述され、五十二種の賤民が一覧表として掲げられている。さらにそれぞれの下に、その亜種とも呼ぶべき賤民が百七十四も注記されている。総計で二百二十を超える。

しかし、今日の賤民史・被差別民研究の到達点からみれば、古代・中世・近世という時代的区分が明確ではなく、その分類基準も雑然としていてはっきりしない。古代の文献に通じた国学者らしく、賤民発生の起源は、律令制に規定されている陵戸《りょうこ》・官戸・家《け》人《にん》・公奴婢《くぬひ》・私奴婢の、いわゆる「五色の賤」ではないかと考えたようである。

ともかく体系的な賤民史研究としては未定稿であったが、他に類書がなかったので、明治期に入ってもよく読まれ、賤民史研究の基本文献の一つとされた。

ところで、「夙」の歴史的起源について、この書では次のように述べている。他にまとまった研究がなかったので、この『賤者考』の説が、近世末から明治期にかけてほぼ定説とみなされるようになった。

夙といふ地諸国にありて、本村なると枝郷小名《しょうみょう》にてあると、くさぐさなれど、皆普通の里民より忌《い》みて婚を通ぜず。同火は忌む所忌まざる所ありて、何故に忌むといふことを知らず。夙は守戸《しゅこ》の転称にて、即ち昔の陵戸などの残れるならんと或人《あるひと》のいへるも、うべうべしく聞ゆ。

この論考のポイントは次の四点にしぼられる。

㈠夙は本村にあったり、小さな枝村を形成していたり、その形態はさまざまである。

㈡いずれにしても「普通の里民」は、彼らを忌んで通婚しない。

㈢同火、すなわち日常的な交際では、忌むところと忌まないところがある。だが、なぜ「夙」を忌むのかという理由は、村人たちはよく理解していない。

㈣「夙」の名は古代の「守戸」の転称であって、昔の陵戸などが近世まで残ったものであろう、そう唱える人がいるが、もっともらしく思える説である。

ここでは「或人」とされているが、本居内遠の弟子の北浦定政であることは確かだ。北浦は大和の古市村（現奈良市）の生まれで、大和国内の陵墓研究と条里制の復元に力を尽くし、多くの著作を残している。大和の天皇陵の周辺に「夙」が多いことに気付いて、その起源は古代の陵戸であると想定していたのだ。内遠はその北浦説を紹介しているのだが、是非の判断は保留している。

同火すれども婚を通じない「下り」

本居内遠は、「夙」は守戸・陵戸説だけでは説明できないと考えていたようだ。夙の起源についてはよく分からなかったというのが実相だろう。

『紀伊続風土記』巻之六十の在田《ありた》郡藤並荘をみると、「藤並の七下《ななさがり》」という俗称があって、七つの在所が賤視されていたとある。うち二カ所は皮田村で、あとの五つに「風谷」「風村」「巫村」などが含まれている。これらの里は村人が「下り」と称して婚を通じないが、かつては「寺の奴婢《ぬひ》」などをやっていたのではないかと推察されている。時代が変わって古い制度は廃れてしまったが、この地は昔のしきたりを遺していて、「今は其事の起りを知る者もなく唯《ただ》下りとのみ言ひ習へり」とある。

その「下り」の一つである吉備野は、「他村と同火すれども婚姻は通ぜず其故詳《つまびらか》ならず、或は往古楽人にてありしといふ」。この楽人は、遊芸民の意であろう。その里には宗祇《そうぎ》屋敷跡があって、『寛文雑記』によればその屋敷跡に「大夫といふもの」が住んでいたとある。そして多くの史料を引いて、あの有名な連歌師で自然斎と号した宗祇の事跡について述べている。

大和に近い紀伊北部の「シュク」は、中世の時代では奈良坂など本宿の支配下にあった枝宿であった。室町期には、その宿の周辺に遊行者や遊芸民が住み着いて、しだいに近世の「夙」へ発展していったのではないか。そのことは先にみたように、和泉の古い「非人」宿だった取石《とろす》宿の隣に声聞師が集住して、「舞村」になった歴史にもうかがえる。

和歌山県の賤民史研究のパイオニアで、多くの史料を発掘した渡辺広は、中世の「非人」宿から近世の「夙」への歴史的な推移について、大要次のように述べている。

「夙」の起源は中世の「非人」宿まで遡るとみられるが、「非人」の本宿は大和の奈良坂と京都の清水坂にあり、その末宿が畿内周辺にあった。室町期に入ると寺社に隷属して声聞道に従事し、清目・葬送・吉凶占い・遊芸などで生計を立てた。近世に入ると農村に定住して、農耕を専業とする者が多くなった。旧来の「宿」と、散所と呼ばれていた陰陽師との間では通婚はしなかったが、近世に入るとこの壁は崩れて、巫村・陰陽師などをも含めて「シュク」と呼ぶようになった（渡辺広『未解放部落の史的研究』吉川弘文館、一九六三年）。

つまり、近世も末期に入ると、古い時代からの「巫祝」「祈禱師」「陰陽師」などの系統が複雑に混交して、世間ではそれを区別することもできなくなって「シュク」と呼ぶようになった、と渡辺は言うのである。

まとめて言えば、「夙」は畿内を中心に散在していたが、近世の「穢多」部落の近代的展開である今日の被差別部落のような大集落は形成しなかった。もちろんその人口も、「穢多」身分と比べると数十分の一にも達せず、きわめて少なかった。

そして明治維新の諸改革によって、代々世襲してきた「シュク」の家職も衰退し、急激な近代化の波の中に巻き込まれて転退消滅していった。そのことは次節でみる折口信夫の「三郷巷談」で具体的に語られている。

「夙の者」に関する調査資料

『徳川禁令考』は、江戸幕府の法令集としてはよく知られているが、「シュク」についての史料はその中に一件だけ収録されている。巻五十は、賤民と賤民に類する者の法令と関連資料が集められているが、そこに次の記録が載っている。江戸後期に編纂された幕府の史料集『法曹後鑑』からの引書であるが、残念ながら年号は欠となっている。

　夙之もの儀相糺《あいただし》候書付

菅谷弥五郎

中国筋ニ夙之ものと申者有之《これあり》候由、穢多之類ニ候哉《そうろうか》、身分如何様《いかよう》之者ニ候哉。相糺可申上《もうしあぐべき》旨被仰聞候。

此儀、拙者支配内ニ右名目之もの無之候間《これなくそうろうあいだ》、陣屋元村役人呼出相尋候得共《そうらえども》、是又弁《わきま》へ不申《もうさず》候間、穢多頭相糺候処、右夙のものハ、穢多之手下ニ而《て》、平日産業ハ三味線鼓弓《こきゅう》を引、小哥《こうた》を諷《うた》ひ、又ハ小芝居抔《など》をいたし、近国を歩行、女子共ハ草履鞋《ぞうりわらじ》を作り商ひ、吉凶之家ニ施しを受《うけ》渡世いたし、播州路網干《あぼし》辺ニ罷在《まかりあり》候由、中国之内ニ而も他国ニハ一切無之由、尤《もつとも》産業之儀見届候儀ハ無之候得共、前々より右之通《とおり》及承候旨、穢多頭酒津村新八書付差出申候。

　右相糺候趣、書面之通御座候以上

　　酉　七月

興味深い史料なので、丹念にみてみよう。この菅谷弥五郎なる者が、幕府からの質問に応じた回答書と推定される。「中国筋に夙のものといわれる者がいると聞いているが、これは穢多の類か、どのような身分の者なのか」というのが質問の大意である。郡代・代官のいる陣屋元村の役人を呼び出して尋ねてみたが知らなかった。そこで穢多頭に問い合わせたところ、次のような回答があった。

㈠　夙の者は、穢多の手下である。
㈡　その日常の仕事は、三味線や胡弓を弾いて小唄をうたい、あるいは小芝居などをいたし、近国を歩き回っている。
㈢　その女子は、草履や草鞋を作って売っている。
㈣　吉凶の占いや祈禱をやって、施しを受けて渡世している。
㈤　播州路（播磨国）の網干あたりに住んでいるようだが、中国筋でも播州以外にはない。

このように調査結果を述べて、「彼らの仕事を実際にみたことはありませんが、前々から承知致していた通りです」と、穢多頭・酒津村新八の書付けを差し出してお答えするというのが要旨である。

㈠にみるように「夙」は穢多頭の手下とあるが、在地では直接の支配関係はなかった。ただし各地の「穢多」「かわた」の在所に残されている「弾左衛門由緒書」などの河原巻物では、「舞々」「猿楽」「陰陽師」「猿引」「鉢叩《はちたたき》」「傀儡師」「獅子舞」などの遊芸民や遊行者は、ほとんどすべてが「弾左衛門支配」下とされていたから、それに倣って「穢多之手下」と申告したのだろう。

(二)、(三)、(四)に書き上げられている仕事は、ほぼ畿内各地の「シュク」のそれと共通している。播州高室村の陰陽師集団については第七章でみるが、その生計の立て方はこの書付けの記述とほとんど同じである。

五　折口信夫の賤民文化論

折口信夫の賤民文化論

ところで、明治後期から大正前期に入ると、この列島で「巫覡」「遊行者」「遊芸民」と呼ばれた人たちの歴史に着目して、彼らが担った〈巫祝→芸能〉という系譜が、日本文化史の大きい地下伏流であることを指摘する新しい見解が相次いで発表された。その分野で開拓者的な役割を果たしたのは、柳田國男、喜田貞吉、折口信夫の三人である。

折口の賤民文化論の最初の集大成は、一九二九年に刊行された『古代研究』(国文学篇)として結実した。この書は、既発表の論文や未発表ノートを自分で編集したものだったが、折口は「賤民の文学」という一章を立てて、海語部《あまがたりべ》の芸能から、傀儡《くぐつ》の民、さらに犬神人《いぬじにん》や声聞師と呼ばれて寺社に隷属しながら芸能に従事した賤民層について論じた。

そして〈まれびと〉〈ほかいびと〉〈うかれびと〉といった独自のキー・ワードを駆使しながら、わが国の文化芸能の源泉が、古代では〈化外《けがい》の民〉とされていた〈海人〉〈山人〉に発するという構想を打ち出した。

さらに海の幸と山の幸を求めて各地を移動する海人・山人、すなわち、〈うかれびと

↓ほかいびと↓遊芸民〉という系譜をたどりながら、漂泊する遊行者によって担われた「巫祝」が、日本文化の芸能史の始源にあることを示唆した。

私が特に深い関心を抱いたのは、全集（『折口信夫全集』旧版、全三十二巻、中央公論社、一九五四―五九年）のノート編（全十九巻、一九七〇―七四年）第二巻に収められている「日本文学史I」である。これは一九二八年から三四年までの慶應義塾大学における講義のノートである。完成稿ではないので、かえって折口独特の構想が紡ぎ出される過程を、いろいろ考えながら読むことができる。

〈うかれびと〉は、定住していない非農耕民を指しているが、〈ほかいびと〉とは何か。「ほかい」は外居（行器）と書いて、もともと旅人などが持ち歩く容器を指したのだが、乞食が〈ほかいびと〉と呼ばれるようになったのは、この容器に食べ物を入れてもらうよう門ごとに乞うて歩いたからであった。

折口は、古代の神事芸人は、この「ほかい」に彼らの神体を容れて持ち運んだと推定する。そして、〈うかれびと〉、つまり巡遊伶人《じゅんゆうれいじん》は、「ほかい」を持ち歩いて神に祈念したので、〈ほかいびと〉と呼ばれるようになった。彼らは〈まれびと〉として、初春などに門ごとに呪言を唱え歩いて、豊作・無事息災・病気全快などを祈願したと推定する。

さらに〈ほかいびと〉と語部との関連をたどりながら、〈呪言↓祝詞↓寿言《よごと》↓叙事詩↓物語〉という系譜を想定して、「祝詞とは、神が土地の精霊に与える詞である」と言う。そして、わが国の唱導文学の源もここにあるのではないか、と大胆に推定したのであった。

それらの遊芸民の系譜で、「われわれのよく窺い知ることのできる」先駆者が、古代の〈ほかいびと〉と〈傀儡子〉である。「この二つが日本の叙事詩の伝承者」であり、傀儡子は「海人部《あまべ》」の出と思われるが、「天孫人種の来る前に、先住的にぼつぼつ来ていた」と指摘し、もともと「乞食と神さまとは、日本では同じものだ」と断言する（「日本文学史Ⅰ」）。このあたりは折口特有の直観で説かれていて、史料的にはより綿密な論証が必要なところである。

民間の行者や布教者にも、折口の鋭い目線は届いている（「霊時日記Ⅱ」一九二九年、全集第廿八巻所収）。山深い村里には「至る所の崖や原に、柴を投げる場所」があったが、そこは行き倒れの行者・巡礼・高野聖《こうやひじり》などが死んでいた所だった。少し峰の形の変わった嶽や谷深い峰には、たいてい行者が籠もっていた、と山家の村では語り伝えられていると言う。

祖先の記録に漏れたもので、「将来、民間伝承学者の大きな領分になる」のは、「漂浪布教者の長い歴史」である。辺境の地を歩けば、あちこちでその俤《おもかげ》をたどることができるとして、次のように結論する。

辿りきれぬ有史以前にも、彼らの足痕《あしあと》は、喰《は》み出て居るのである。忘れたことは、なかつたことではない。自分のする様《よう》な事でなくば、人もするはずがない、ときめて居られては困る。野山の歴史は長い。語部《かたりべ》も語り落した、何千年があるのである。

なぜ賤民問題に着目したのか

ところで、折口信夫が日本文化の地下伏流として賤民の文化や芸能に着目するようになったきっかけはどこにあったのか。私は、彼が幼少期の頃に大阪の被差別部落の周辺に住んでいたことも全く無関係ではなかったと思う。折口は大阪府西成郡木津村（現浪速区鷗町一丁目）で生まれたが、南海電車の難波駅から歩いて十数分もかからぬところで、そこに生誕碑が建っている。

折口は次のように書いている。「わたしの生れた村と接近して、政治上の区劃《くかく》では、わたしの村と同じ村名を持つた大字《おおあざ》の中に住んでゐる、極めて大きな特殊部落の人々、即《すなわち》穢多といはれてゐる人々……」（「海道の砂」その一、一九一七年、全集第廿八巻所収）。

その家業は代々「生薬屋《きぐすりや》」だった。漢方処方が本業で「医者も兼業し」ていた。ただ医者といっても、蘭学を学んだ西洋医学系ではなくて、いわゆるヤブ医者だった。

その家は、長い間口《まぐち》を分けて「病人を見る方と、薬屋とにわけてゐた」。父は河内からやってきた婿養子だったが、晩年は患者を診ることなく、母がその代わりをやっていた。母は祖父から見よう見まねで一通りのことは学んでいたのであった。

世間では「母を診立《みた》て・投薬の名手のやうに、言ひふらす人などもあつて」、大和・伊賀・伊勢・播州から診てもらいに来る人もあった。ついつい「父の代理の無免許医者のやうな形になつて」、母は嫌がりもし、そのことがお上に知れることを恐れていた。その母が安心した明るい表情になったのは、兄が一人前の医者になって戻った時だった（「わが子・我が母」一九四八年、全集第廿八巻所収）。

道ひとつ隔ててすぐ被差別部落だった。天王寺中学校へ通う道筋はいわゆるドヤ街で、そこには各地から流れてきた漂泊芸能民がいつもいた。彼が少年の頃は、四天王寺に近い「逢坂《おうさか》や新清水《しんきよみず》のあたりに、狐の声の聞える夜もあつた」が、昼間は辻芸人がいつもたむろしていた。

そこらあたりは、二十一世紀に入った今日でも、夜になるとなんとなくオドロオドロしい雰囲気が漂っている。折口はそこを通るたびに零落《れいらく》の遊芸民の姿をいつも見ていたのだが、そのような原体験が折口の直観的構想力の根本にあったと私は思う。

ヤブ医者の語源をめぐって

中世の医師は、貴族の目からみれば、「道々の者」として卑賤視されていた職人集団の一員だった。近世では、全国各地の被差別部落に医薬の道に従事する者がかなりいた。各地の部落問題史料にも出てくるが、正式に医薬道を学んだ医者や薬屋ではなかったにしても、何代にもわたって仕込まれた経験と勘によって病気を治した。

ここでヤブ医者について少し述べておこう。「医」の旧字は「醫」である。この字の上の部分は、呪具の矢でもって病魔を追い払う様をあらわし、下の部分の「酉」は、その呪儀に酒を用いることを意味した。つまり「醫」は、シャーマンによる呪術的な医療儀礼をズバリあらわす表意文字であった。祈禱と民間療法を併用した伝統的な医療法である。

現代でも「ヤブ医者」という言葉はよく耳にする。そして、あまり腕前の良くない医者という意味で、「藪」の字を当てている。しかし、ヤブ医者の原義は「野巫医者」であって、藪医者は誤記である。正しく表記すれば「在野の巫医」である。この用語は古代中国で用いられ、孔子も「人にして恒《つね》無くんば、以て巫医を作《な》すべからず」と『論語』で述べている。「恒」は恒心《こうしん》であって、人間として常に保持しなければならない仁徳を指す。

白川静の『字通』によれば、「巫」の原義は「工」と「左右の手」から成る。「工」は神に仕えるための呪具で、それを左右の手で奉じる者を巫と呼んだ。すなわち「巫」は、呪術的秘儀でもって、神々とこの世とを結ぶシャーマンを指した。

古代では道教系の医者、中世後期から近世にかけては、その流れを汲む陰陽道・修験道系の治療者を「巫医」と呼んだ。市井の片隅で営業するヤブ医者は、「士農工商」に入らない者として卑賤視されたが、民衆社会ではなくてはならぬ存在だった。

祈禱だけでは霊験あらたかではないので、それとともに長年の経験によって自然から採取した薬の処方——すなわち本草学が重視された。鍼灸・マッサージや外科的手術による積極的な治療法も併用されるようになった。

折口信夫の「夙」にまつわる巷説

折口信夫は、そういう系譜と深い関わりのある医家に生まれ、毎日のように貧しい遊行者・遊芸民を見ていた。彼が賤民の文化に熱いまなざしを向けた理由がよく分かる。

紫色の痣《あざ》があった、トラホームの手当てが遅れて目に傷があった、「すこし性欲に異状のあることを感じた」と書いているが、ホモセクシャルだった――折口の身体にまつわるスティグマについては、いろいろ語られてきた。スティグマ（stigma）とは、身体に付けられた「負のしるし」である。それから、十六歳から十七歳にかけて自殺未遂事件が三回あった。そのことは「霊時日記Ⅰ」の中で具体的に語られている。母親のあやまちで生まれた子だった――そういう推測も含めていろいろ語られてきたのである。

出生の事情も含めてその複雑な家庭状況をみれば、折口が世間の根っこにある深い暗い部分をいろいろ背負い込んでいたことが分かる。つまり、その生涯にただならぬものが含まれていたからこそ、歴史の底に流れるものを見抜く折口の眼力は、やはり凄いものがあったのではないか。日本芸能史における「賤民の歴史的な位置」という独自の範疇を設定したのは、自分の師と仰ぐ柳田國男の影響を見逃すわけにはいかないが、やはり折口信夫の原体験が根本にあった。

折口信夫は「三郷巷談」（一九一三年、全集第十五巻所収）と題した短い論考の中で、「シク」について次のように述べている。三郷とは、大坂が南組・北組・天満の三郷に分けられていたことから、旧大坂の俗称であった。このタイトルは、大阪の町中に伝わる巷《ちまた》の噂話の意である。

△「一里ゑつたに夙《しく》三里」といふことは、大阪に限らず、畿内地方ではかなり広くいはれてゐる様《よう》だが、必《かならず》しもかつきりさうもなつてゐない。半里ぐらゐで、第二の夙村に出る様なことも尠《すくな》くない。夙村の出入口には必、門があつた。今でも門を残してゐる村もあるけれど、そんな不名誉な象徴を看板にする者も次第になくなつて、現存するものは、数へるほどしかない。けれども昔は、田舎に行つて、夙村か良民の村かを見わける唯一の標準だつたのである。そしてそのあるものは、村の周囲に壕《ほり》を廻《めぐら》して、唯《ただ》その門によつてのみ出入りする様にしてゐるものもあつた。東成郡寺岡村の如きは、好標本である。この村も近年門だけはとり毀《こわ》した。西成郡勝間《こつま》村では、その東口に大きな礎石を残して、門は同様に亡くなつた。

△大阪をはなれて神戸まで行くと、もうゑつたの花売りが来るが、大阪では、絶対にゑつたの出商売は下駄なほしにきまつてゐる。花売りは、夙がする。(後略)

△特殊部落のうち、穢多の繁殖力強いことは事実であるが、他の夙とか、山番《やまばん》・隠坊《おんぼう》とかいふ類は、だん〴〵衰へて行くやうだ。もつとも夙村は、行商人が定住によつて、

素性を晦《くら》ますからでもあらうが、衰へるのが多いらしい。（後略）

一里歩けば「えった」村、三里も歩けば「夙」村に出会うという俚諺《りげん》は、畿内では明治期までよく知られていた。しかし私の幼少期には、「夙」はもはや噂話にもなっていなかったし、このような話は聞いたことがなかった。

ここに出てくる勝間村は、私が住んでいた天下茶屋のすぐ近くで、よく遊びに行った界隈《かいわい》だったが、かつて声聞師がいた夙村であることは全く知らなかった。この「三郷巷談」を読んで初めて知った。

大阪での花売りの行商は「夙」がやり、下駄直しは「えった」がやったとある。下駄直し・靴直し・傘修繕が部落の仕事であることは知られていた。

花売りもその筋の者がやると聞いたことがあったが、「夙」の仕事とは知らなかった。次章でみるように、畿内の「宿（夙）」の根源地ともいうべき奈良坂の「宿」では、中世の時代から花売りをやっていたのであった。

第六章　中世猿楽と陰陽道

一　猿楽の起源と歴史

大和猿楽の故郷を歩く

古証文を引っ張り出すようで少し気がひけるが、一九七六年から七八年にかけて、大和における猿楽の起源と歴史を調べるために、奈良県を中心にフィールドワークをやった。その記録は『日本の聖と賤（中世篇）』（河出文庫）の第三章に収めてあるが、その時に現地で撮った写真を十数枚載せた。

　それを見ながら、二十数年前を思い出してこの稿を書いているのだが、まず川西町の糸井神社を訪れた。このあたり一帯には、大和猿楽四座にゆかりのある地が濃密に分布している。この神社が鎮座する糸井庄結崎《ゆうざき》は、中世では興福寺大乗院領だった。神社の横を流れる寺川のほとりに「観世発祥之地」の碑がある。

　猿楽発祥の地には、ある日「面」が天から降ってきたという伝承が残されているところがいくつかある。この面は、猿楽の始源とされる翁《おきな》舞で用いられる面である。糸井神

「翁舞」のハイライト場面、三番叟の後舞

▲「漢織・呉織ノ霊ヲ祭レル」奈良県川西町の糸井神社
◀糸井神社のすぐ近く、寺川のほとりにある「面塚」

社の前の宮前橋を渡ったところに、面が降ってきたと伝えられている「面塚」がある。糸井神社から約二キロ南の、西竹田の金春《こんぱる》屋敷のすぐそばにある十六面にも、同じ話が伝わっている。

糸井神社から四キロほど南に下ると、秦庄《はたのしょう》という字《あざ》があり、そこに秦氏ゆかりの秦楽寺《じんらくじ》がある。そこの本尊の千手観音は百済王から聖徳太子に贈られたもので、それを太子が秦河勝《はたのかわかつ》に下賜したと伝えられている。

古い式内社である糸井神社は、『大和志料』によれば「祭神　詳《つまびらか》ナラズ」としながらも「当社ハ漢織《あやはとり》・呉織《くれはとり》ノ霊ヲ祭レルナリ」とある。漢織・呉織は、『日本書紀』の雄略天皇十四年正月条に漢土から来たとある。この地にいた渡来系の機織《はたおり》技術者が、この社を建てて先祖の霊を祀ったのであろう。

あとでみるように秦氏の一族は、当時の先進的な産業文化の担い手として全国的に活躍していたが、このあたりにも秦氏系の渡来人が集住していて、機織をやっていた。その集団の一部が、のちに遊芸にも進出したのであろう。一九八五年五月には、この糸井神社の境内で観世一門の六百年ぶりの里帰り公演が行われた。

それから、「世阿弥参学之地」の石碑がある田原本町《たわらもと》の補巌寺《ふがん》を訪れた。次いで大和猿楽四座の一つ、円満座《えんまい》を源流とする金春座《こんぱる》ゆかりの「鏡作坐天照御魂神社」に詣でた。このあたりは古代の鏡作部《かがみつくりべ》が住んでいたところで、この神は音曲の神でもあった。

猿楽の源流だった散楽

ところで、大和の猿楽の歴史を調べるこのフィールドワークで、座右の書として持ち歩いたのが、能勢朝次《のせあさじ》の『能楽源流考』（岩波書店、一九三八年）と藪田嘉一郎の『能楽風土記』（檜書店、一九七二年）だった。

能勢のこの書は、近世以来の猿楽研究の集大成であって、数多くの未発掘の史料が収録されて、近代における能楽研究の古典とされた名著である。この書の前半では、猿楽の直接的源流である平安時代の散楽（申楽）の芸能的実態が詳しく分析されている。

散楽を演じる楽戸《がっこ》の民は、大和王朝の諸官庁に隷属して手工業その他の技芸に従事する雑戸《ざっこ》として、租庸課役を免ぜられていたとみられる。雑戸には渡来人系が多かったとされるが、この楽戸の来歴はよく分からない。

ところで散楽戸《さんがくのへ》は、桓武天皇の延暦元（七八二）年七月に廃せられたと『続日本紀』に出ている。この散楽戸の廃止を契機として、当時の芸能の世界にさまざまの変化があらわれてきた、と能勢は第二章で指摘する。

かくて、散楽戸の廃止は、一面に公民として雅楽寮の被官人や近衛の官人に簡抜《かんばつ》せられる猿楽者を出すと共に、又他面には賤民猿楽者となる者を生じ、これ等は、或は寺《じ》奴《ぬ》猿楽となつて寺院に奉仕するもの、或は法師形をとつて猿楽法師となり、一般民衆の間に猿楽の芸を演じ、それによつて生活する下層賤民となるもの等を生じ、更にかかる芸は傀儡子等の乞丐《きつかい》者流にまで伝播するに到つたものであらうと思はれるのである。

このように能勢は、散楽戸廃止のあと、散楽の担い手たちが三つの流れに分かれたのではないかと推測する。第一の流れは、雅楽寮や近衛の官人に選ばれて、相撲節会《すまいのせちえ》や陪従の散楽に従事した。彼ら出世組は、朝廷で「貴族的な散楽」を演じた。

第二の流れは、「賤民猿楽者」となったグループである。彼らは寺院に奉仕する寺奴猿楽、あるいは法師形をした猿楽法師や田楽法師となった。この流れが、社寺に隷属して芸能に従事し、散所にいた声聞師系の猿楽となる。

第三が、古代の遊行神人《ゆぎょうじにん》の流れで、〈ほがいびと〉と呼ばれた「乞丐」的な芸能者たちも、この散楽を取り入れて各地を巡業するようになった。

さらに私なりに第四の流れをつけ加えるならば、国司の苛斂誅求《かれんちゅうきゅう》に耐えかね、散所や河原に流入してきた貧民層の中にも、もともと芸能とは無関係だったが、散楽などの芸能を真似てそれで生活していく遊芸の徒が出てきたのではないか。

そのようにみていくと、室町期に活躍した猿楽の諸座は、第二の流れが主体となり、それに第三、第四の流れが合流して形成されていったのではないか。

古代楽戸の血をひく観阿弥・世阿弥

このようにいくつかの潮流から成る猿楽者たちが、中世の中頃から座としての活動を始めた。大和には法隆寺・東大寺・興福寺・西大寺など著名な大寺院のほかにも、数多くの寺社があったから、それらの座の創始者たちは、その祭事に奉仕する田楽法師や猿楽法師をやっていたのであろう。

南北朝時代（一三三六―九二）は、戦乱と社会的混乱が相次いだ激動の時代だった。少人数の家族的な一団で芸能の座を編成しても、呼んでくれる主催者、集まってくれる観客がなければ生活できない。権力者の鼻息をうかがいながら乱世を生き抜いていくことは、たやすいことではなかった。

室町期には、大和猿楽四座、すなわち結崎《ゆうざき》（観世）・円満《えんまい》（金春）・坂戸（金剛）・外山《とび》（宝生）をはじめとして、近江には日吉《ひえ》神社に属する上三座・下三座があり、京都、宇治、伊勢、伊賀、そして河内、越前、熊野などにも猿楽の座があった。田楽の諸座も京都を中心に活躍していた。これらの座は、各地の民衆の間を巡業し、また権門勢家の愛顧を願って激烈な競争をくりひろげていた。

そういう激しい競争のなかから、観阿弥清次《きよつぐ》（一三三三―八四）が棟梁だった結崎座が抜け出してくる。観阿弥の生涯は、南北朝の争乱期とほとんどそのまま重なるが、大和の多武峰《とうのみね》のあたりで活躍していた山田猿楽の美濃太夫の養子の三男で、春日社や多武峰社の神事の際に猿楽を演じていた。

はっきりした日時は分からないが、応安七（一三七四）年頃、観阿弥は十二歳になっていた子の世阿弥を伴って、将軍義満の御前で猿楽を演じた。所は京都の今熊野だった。この興行は能楽史の画期的な出来事としてよく知られているが、そこで演じたのが「翁舞」だった。

初めて猿楽を観た将軍義満は、そのとき十六歳だった。観阿弥・世阿弥親子の演技に魅了された義満は、それ以後、観世座の熱烈な後援者となった。それがきっかけとなって、観阿弥・世阿弥の名は一世を風靡するようになった。

観世家と大和の杜屋郷

そのように大和猿楽の源流をずっと遡っていくと、その始祖は秦氏一族に連なる散楽戸だった可能性が強いが、もちろん確かな史料があるわけではない。世阿弥が、父観阿弥の遺訓に基づいて著述した最初の能楽論である『風姿花伝《ふうしかでん》』では、猿楽の起源について次のように述べている（「日本思想大系」24『世阿弥・禅竹』）。

夫《それ》、申楽延年《さるがくえんねん》の事態《ことわざ》、其源を尋《たずぬ》るに、或（は）仏在所より起り、或（は）神代より伝（る）といへども、時移り、代《よ》隔たりぬれば、其風を学ぶ力、及がたし。近比《ちかごろ》万人のもてあそぶ所は、推古天皇の御宇に、聖徳太子、秦河勝に仰《おおせ》て、且《かつ》（は）天下安全のため、且（は）諸人快楽《けらく》のため、六十六番の遊宴を成《なし》て、申楽《さるがく》と号せしより以来《このかた》、代々の人、風月の景を仮《かつ》て、此遊びの中だちとせり。其後、かの河勝の遠孫、この芸を相《あい》続《つ》ぎて、春日・日吉の神職たり。仍《よって》、和州・江州の輩《ともがら》両社の神事に〔従ふ〕事、今に盛なり。

推古天皇の御代に、秦河勝が聖徳太子の命を受けて、天下安全を祈願し、諸人快楽のために「六十六番の遊宴」を行ったが、それを「申楽」と呼んだという。その河勝の遠孫がずっとその芸を継承して、大和と近江を中心に春日・日吉社の神職を務めていたと語るのである。

ところで、大和の田原本町の守屋に、秦氏を名乗る下級の遊芸者がいたが、それが観世座の本貫地だと推定したのは吉田東伍だった。吉田は、独学で苦労しながら、全国各地をくまなく歩いて一九〇七（明治四十）年に『大日本地名辞書』十一巻を完成した。地誌はもちろんのこと、日本の音楽史・芸能史、特に猿楽能についての造詣も深かった。世阿弥伝書の発掘に力を尽くして、近代における世阿弥の能楽論研究の素地を築いたのは、この吉田東伍だった。

その『大日本地名辞書』執筆のために大和を訪れた際に、観世家ゆかりの地をずっと歩いて調べてみた。そして「観世家は杜屋《もりや》の楽戸秦姓服部氏の末なるべし」と結論した。しかしこの吉田の説は、史料による論証が不充分だという理由で学界では取り上げられなかった。

それから約六十年後、この吉田説を継いで具体的に大和杜屋説を論証したのが、藪田嘉一郎の「秦楽寺鐘銘と大和猿楽」であった（『観世』一九六四年二・三月号。前掲『能楽風土記』所収）。

康保《こうほう》四（九六七）年に施行された『延喜式』の雅楽寮「伎楽」の「楽戸郷」の原註に、「在大和国城下《しきのしも》郡杜屋」とある。それが中世に入って東大寺領「杜屋庄」、さらに興福寺大乗院領の「森屋郷」となっていて、観世家の故郷であることが藪田によって論証された。現在では、磯城《しき》郡田原本町蔵人の守屋という小字《こあざ》として残っている。

観世家の本貫地が守屋にあったことを証明するさらに有力な史料が、香西精《こうさいつとむ》によって明らかにされた。世阿弥が、この守屋に近接する田原本町味間の補巌寺《ふがんじ》と深い関係にあったことが、補巌寺文書の中から発見された（香西精「世阿弥の出家と帰依」『文学』一九六〇年三月号。『世阿弥新考』わんや書店、一九六二年、所収)。

奈良県生駒の宝山寺所蔵の旧金春家文書に、世阿弥の金春太夫あての手紙が発見され、その一通に「ふかん寺二代」と書かれていたのである。世阿弥がこの曹洞宗寺院の檀那《だんな》であって、二世竹窓と師檀の関係にあり、世阿弥の出家が曹洞宗の儀式によってこの寺でなされ、田地を寄進していたことが分かってきた。私もこのフィールドワークの際に宝山寺を訪れて、その文書類を拝読させてもらった。

猿楽の起源と奈良豆比古神社

中世の杜屋郷の近辺と補巌寺を訪れた翌週は、奈良坂の周辺を歩いた。

まず鎌倉時代後期に忍性《にんしょう》が癩者救済のためにつくった「北山十八間戸《けんど》」を訪れた。永禄十(一五六七)年に兵火で焼けたので、現在の建物は江戸期の再建である。近世に入ってからは、大和でも古い由緒がある東之坂の部落によって管理されているが、鍵を開けてもらって棟割長屋の内部と奥庭に積み上げられている墓石を詳しく見た。

その十八間戸から数分も坂を登れば般若寺《はんにゃ》である。このあたりが、中世の非人たちが長吏に率いられて集住したところだ。寺を越えて奈良坂をずっと登ると、左手に奈良豆《ず》比古《ひこ》神社がある。そのあたり一帯が、中世史料によく出てくる奈良坂の「宿」だ。「宿神」を祀る豆比古神社は、古い時代からこの奈良坂宿の氏神であった。

式内社であるこの神社の創建は古く、猿楽能の起源に深く関わる神社であったと私は

奈良坂を登り詰めたところにある奈良豆比古神社

「奈良坂村旧記」に記されている三体の翁面が社殿に安置されている。

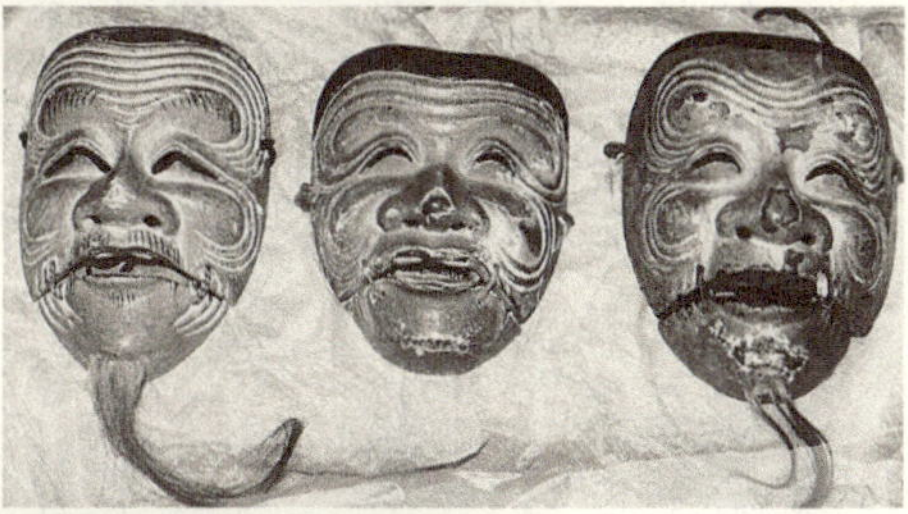

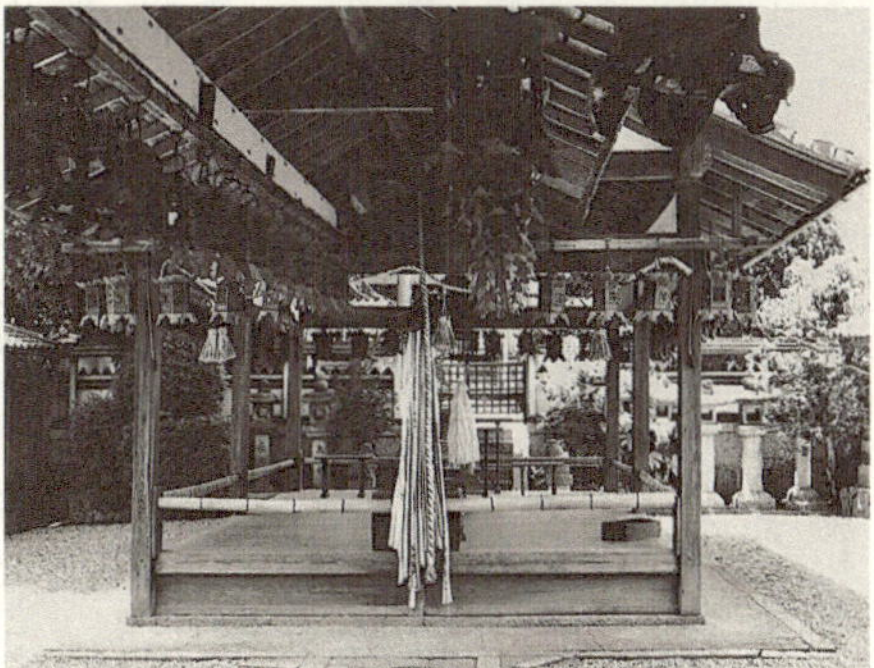

境内の能舞台。ここで「翁舞」が奉納される。

思う。逢坂山《おうさか》の麓にあって、説経節を語り歩いた遊芸民の総社だった関《せき》の蟬丸《せみまる》神社とともに、日本の民衆芸能史にとって最も重要な神社である。

私はこの由緒ある古社の静かなたたずまいがとても好きなので、奈良を訪れるたびに詣でる。かれこれ十数回は参っている。だが今では訪れる人も少なく、歴史の底にひっそりと埋もれている。

神殿は三社あって、南殿に施基《せき》皇子、中殿に春日神社に奉祭されている姫大神、北殿に春日若宮を祀っている。つまり、春日大社と深い関わりがある神社で、おそらく大社に仕えていた神人《じにん》が創建に関わったのであろう。

古い能舞台が境内にあるが、毎年十月八日の宵宮に、二十二軒の戸主より成る翁講中によって「翁舞」の神事が行われる。

この神事を参観したが、夜八時きっかり、衣装部屋から拝殿に連なる渡り床を出演者一同が渡ってくる。全員着座すると、まず笛が吹き出し、小鼓が打たれて前謡《まえうたい》となる。「千歳《せんざい》」「大夫《たゆう》」「三番叟《さんばそう》」、そして「脇」二人が出演するが、いずれも烏帽子《えぼし》を冠し翁の面を付ける。扇を手にしているが、三番叟だけ手に鈴を持っている。

特に古い形を残しているのは、千歳と三番叟の問答と、三人で舞う「大夫の舞」である。室町期からの面や衣装が伝えられているが、「応永二十（一四一三）年二月二十一日千草左衛大夫」の墨書銘のある面がある（その問答の歌詞は、社務所にある解説書「翁舞」に収録されている）。

この翁舞の起源は次のように伝えられている。天智天皇の孫の春日王（田原太子）が「白癩」にかかったとき、浄人王・安貴王の二皇子が父王の平癒を祈願して舞った。この二人は白狩衣《かりぎぬ》姿で烏帽子を着し、浄人は顔に布を当て、安貴は顔に墨を塗って、大路で歌舞を演じたが、それが催馬楽《さいばら》や万歳の起源となった。また弓矢を作って売り、花を売って病の床に臥《ふ》す父を養った。

そのような故事に基づいて、この神社では、父王を白尉面《はくじょう》、浄人王を細男面《せいのお》、安貴王を黒尉面《こくじょう》にかたどった三体の翁面が、ずっと伝えられてきた。この「尉《じょう》」は、猿楽では年老いた翁である。その翁面を付けて舞う神事が、この宵宮に演じられる「翁舞」だ。

この説話は「奈良坂村旧記」に記されている（「旧記」は四種ある。前掲『能楽風土記』所収）。もちろんこの「旧記」は、先章でみたように「周縁の民」が作成した文書であって、いわば奈良坂「宿」の由緒書である。数多い類書の中でもこの由緒書は傑作であって、実在した貴人に仮託して実にうまく造作されている。

父王の翁面を作ったのは弓削首《ゆげのおびと》夙人とされ、細男面は弓削首道鑑の作とされている。もちろん、あの有名な弓削道鏡・浄人《きよひと》兄弟の名を仮冒したフィクションである。道鏡→道鑑、浄人→夙人と、一字だけ違えてある。

春日王が「白癩」を患ったという話は、中世の時代から癩者がここに集住していたという奈良坂非人宿以来の故実に基づいている。そして、二皇子がそれによって病気の父を養育したとされる弓矢製造と花売りは、この宿の重要な生業であった。さらに付言しておくと、弓削部《ゆげべ》は大和朝廷で弓の作製を担当していた品部《しなべ》であった。

神聖な芸能「翁舞」

この神社の翁舞は、「千歳」「翁」「三番叟」の三役が順次舞う「式三番《しきさんば》」の形をとるが、大夫の「翁」に脇翁が二人連れ添う演出は珍しく、謡の詞章や節回しも五流能の「翁」とは異なっている。その起源は、古代の「巫覡」の舞歌に発するのではないか。私はそう思う。大和四座猿楽が神聖な舞曲としていた「翁舞」の祖型が、この神社の祭礼に伝承されていると考えられる。

今日でも、千歳・翁・三番叟の三役が舞う「式三番」は、芸能の中でも最も神聖な歌舞とされ、歌舞伎や人形浄瑠璃の長期公演の際には、初日の開幕に先だって必ず式楽として上演される。

初春の門付けに出る万歳やドサ回りの歌舞伎を業とした「役者村」でも、巡業に出る際には、地元の氏神様の社前で「翁舞」を奉納してから旅に出たのであった。

なぜ遊芸民にとって、「翁舞」が神聖な舞歌とされたのか。実はこの〈翁〉に、中世の「遊楽道」と「陰陽道」との深い関わりが秘められていたのであった。

父の世阿弥から次男の元能《もとよし》が聞き取ってまとめた『世子《ぜし》六十以後申楽談儀《さるがくだんぎ》』では、遊楽の道は「一切物まね」であるが、申楽は神楽《かぐら》であるから、舞歌二曲をもって本風とする。そして、「此道の根本は翁舞であり」、謡《うたい》の根本は「翁の神楽歌である」と言う。

世阿弥の説を受け継いだ婿の金春禅竹も、あとでみるように〈翁〉は「百億ノ日月、山河大地、森羅万象」の化身であって、天上天下すべてのものに祝福をもたらす神霊の化身であると述べている。

中世の時代から数多くの芸能の座があったのだが、これらの座が、声聞師（唱門師）・散所・宿・舞々・万歳などと呼ばれていた在所から出たことは繰り返し述べた。そして彼らが巡業しながら各地で演じる芸能は、この「翁舞」を始源とするが、それは声聞道の中核だった民間陰陽道と深く関わっていた。そのことを詳述したのが、禅竹の『明宿集』であった。

彼ら遊芸民が神聖な舞歌とした「翁舞」は、もともとは老体の「訪れ神」がその地に祝福をもたらすという民俗芸能だった。そこに現れる〈翁〉は、日・月・星や山河大地に宿る精霊の化身とみなされていたのではないか。古くからの「巫覡」が伝えたアニミズム的な精霊信仰が、その根にあったのではないか。

その流れが、声聞師・散所法師などに受け継がれていったのだろう。そして猿楽能で「翁舞」を上演する画期的な舞台となったのが、先にみた今熊野における観阿弥・世阿弥親子の競演であった。もちろんこの時の「翁舞」は、観阿弥によっていろいろ手を加えられ、観世座独特の猿楽能として演じられたのであろう。

二　渡来系の秦氏を名乗った世阿弥

渡来人・秦氏を称した世阿弥

さて、世阿弥の実名は元清であり、秦氏を称した。有名になってからの芸名が世阿弥陀仏で、世阿弥はその略称だった。

世阿弥が秦氏を名乗った由来は、『風姿花伝』の「第四神儀云《しんぎにいわく》」で語られている。そこでは聖徳太子と深いゆかりのある「申楽」の起源を述べて、自分の祖は秦河勝であるとはっきり言っている。「申楽」は古くは「散楽」と書き、当時は「猿楽」と書いていた。

古代の渡来系氏族の中でも、山城国葛野《かどの》郡を本拠地とする秦氏は、漢《あや》氏と並んで、畿内を中心に全国の各地に散在する最大の渡来人集団だった。その一族の活動は、『日本書紀』『続日本紀』をはじめ数多くの史料に記されている。秦の始皇帝の後裔を称し、応神天皇の御代に百二十県の人夫を率いてやってきた弓月君《ゆづきのきみ》を祖とするが、実際は新羅・加羅が出身地と推定される。

各地に定住するようになったいくつかの系統の集団が、秦氏を称するようになった。多数の氏に分化していたが、氏の呼称に必ず秦を含んで同族的結束を保っていた。開拓工事・農耕・養蚕・製鉄・鋳造・機織などに従事し、この列島の古代文化の基底を築く重要な役割を果たした。

秦河勝は生没年は未詳だが、六世紀末から七世紀中期にかけて、秦氏一族の族長として活躍し、その経済力と動員力を背景に聖徳太子の側近として活躍した。

ところで『風姿花伝』では、この秦河勝を始源とする申楽の歴史について次のように述べている。かなり長文なので私なりにまとめておくと、次の三部に分けられる。

（一）　欽明天皇の代、大和国泊瀬《はつせ》の河が洪水となったときに、河上より玉のようなみどり子が入っている壺が流れてきた。直ちに内裏《だいり》に奏聞したが、その夜、天皇の夢に現れたみどり子は「自分は秦の始皇帝の再誕である」と告げた。それで殿上に召されたが、成人になるに従って位が上がり、秦氏の姓を下された。

（二）　上宮太子（聖徳太子）は天下が少し乱れた時、「神代・仏在所の吉例に任《まかせ》て六十六番の物まね」を河勝に命じられ、六十六番の面を作って河勝に与えられた。この神楽《かぐら》は内裏で演じられたが、これによって天下治まり国が静かになった。太子はこの芸を末代に遺すために、「神楽」の「神」の偏《へん》を除《の》けて旁《つくり》だけを残されたが、これは日暦が「申《さる》」であったからで、それから「申楽」と名付けられた。この時に演じられた神楽は「翁舞」であった。

（三）　〈翁〉の化神となっていた河勝はこの芸を子孫に伝えようと、摂津の難波の浦から「うつほ舟」に乗り、風に任せて西海に出て、播磨の坂越《しゃくし》に着いた。浦人が舟を上げてみると、そのかたちは「諸人に憑《つ》き祟《たた》りて奇瑞《きずい》をなす」ので神として崇められ、それで国が豊かになった。その霊験あらたかなるゆえに「大荒《たいこう》大明神」と名付けられた。

ここで重要なのは、この中楽起源説話のことの起こりは大和の泊瀬川であり、中楽の神であった〈翁〉の「化人《けにん》」が播磨の坂越に上陸して、そこで霊験あらたかな大明神になった、という筋書きである。

瀬戸内海に面し生島《いくしま》が浮かぶ静かな坂越湾（現赤穂市坂越《さこし》）に、式外社だった大避《おおさけ》神社がある。祭神は秦河勝で、大避神と呼ばれているが、世阿弥が語った「大明神」である。なお赤穂市一帯は秦氏の拠点の一つで、大避神を祀る神社が二十数社も分布している。

栄光と悲惨——世阿弥の生涯

これは古くから散楽→中楽→猿楽を演じた集団の中で語られてきた伝承であって、世阿弥がそれをまとめたのだろう。特に注目されるのは、民間陰陽師の活動の一大拠点であった播磨が、この中楽起源説話に出てくることだ。

その「化人」の乗った舟が着いた坂越は、赤穂に近い港だった。先にみた江戸幕府の文書にあったように、赤穂には陰陽師系の遊芸民が住む「宿」があったのだが、この伝承となんらかの関わりがあるのかもしれない。

ここで世阿弥の生涯を簡単にみておこう。父の観阿弥が大和猿楽の結崎座の花形役者だったことから考えても、世阿弥が生まれ育ったのは大和であろうが、正確な生年・没年は不明である。どこで生まれ、どこで死んだのか、それを語る史料は残されていない。

将軍義満の愛顧を受けたことは先に述べたが、世阿弥の甥の元重（のちの音阿弥）に肩入れする義教が将軍になってからは、不運が続いて観世座も時勢から見放された。永享二（一四三〇）年には、世阿弥の次男で、父の芸談を『申楽談儀』にまとめた元能が出家遁世《とんせい》し、世阿弥も楽頭職を奪われた。

その二年後に、観世大夫を継いでいた長男の元雅《もとまさ》が伊勢の旅先で死んだ。足利幕府打倒の政治的動きに加担していたのではないかと推測されているが、詳しいことは不明である。永享六（一四三四）年に時の将軍足利義教の怒りにふれ、七十歳を超えて佐渡に流され、翌々八年まで佐渡にいたことは確かだが、許されて帰京したのかどうかも不明だ。

世阿弥は後を託す二人の男子を失い、観世座の本系は絶えた。老後に跡継ぎを失った世阿弥の嘆きは『夢跡一紙《むせきいつし》』『却来華《きやくらいか》』に痛ましい。祖父の観世をも越えたる「堪能《たんのう》」とみていた元雅の突然の死を、「当流の道絶えて、一座すでに破滅しぬ」と嘆いたのであった。

傷心の世阿弥にとって、最後の頼みとなったのは金原禅竹（一四〇五―七〇?）だった。禅竹は、世阿弥の婿で、金春座の大夫を務めていた。観世座と金春座は歩いてもすぐ近くだったので、幼少の頃から目をかけていたのだろう。世阿弥の遺志を受け継いで、猿楽能の原論を深める著作を後世に遺したのはこの禅竹であった。

三　日・月・星の光と『明宿集』

禅竹の『明宿集』について

禅竹が執筆した能楽書は、金春家がそれを秘蔵して世に出さなかったので、世阿弥の能楽論とともに長らく世に隠れていた。先にふれたように、吉田東伍が『世阿弥十六部集』に続いて、『禅竹集』（能楽会、一九一五年）を編纂して初めて、禅竹の能楽論が世に知られるようになった。

一九四一年以降から六〇年代にかけて、さらに禅竹自筆本を含む多くの金春伝書が見つかった。伊藤正義・表章《おもてあきら》の編集・校訂で『金春古伝書集成』（わんや書店、一九六九年）が刊行され、ようやく禅竹の全貌が明らかになった。禅竹伝書の相伝・伝来、そして発見のいきさつは同書に詳しい。

私は、猿楽も広い意味での賤民芸能だったと考えている。その視点から特に注目するのは、禅竹の『明宿集』である。この自筆草稿が金春宗家の筐底《きょうてい》から発見されたのは一九六四年だった。禅竹が世を去ったのは一四七〇年頃と推定されているから、死後五百年も経っている。

この書の発見に力を尽くした表章が解説した『世阿弥・禅竹』（前掲「日本思想大系」24）の注記によれば、随所に抹消・補筆があって、一度『明翁集』と書いたのを『明宿集』に改めた形の題記がある。奥書を欠き成立年代も分からないこの書は、やはり未定稿で

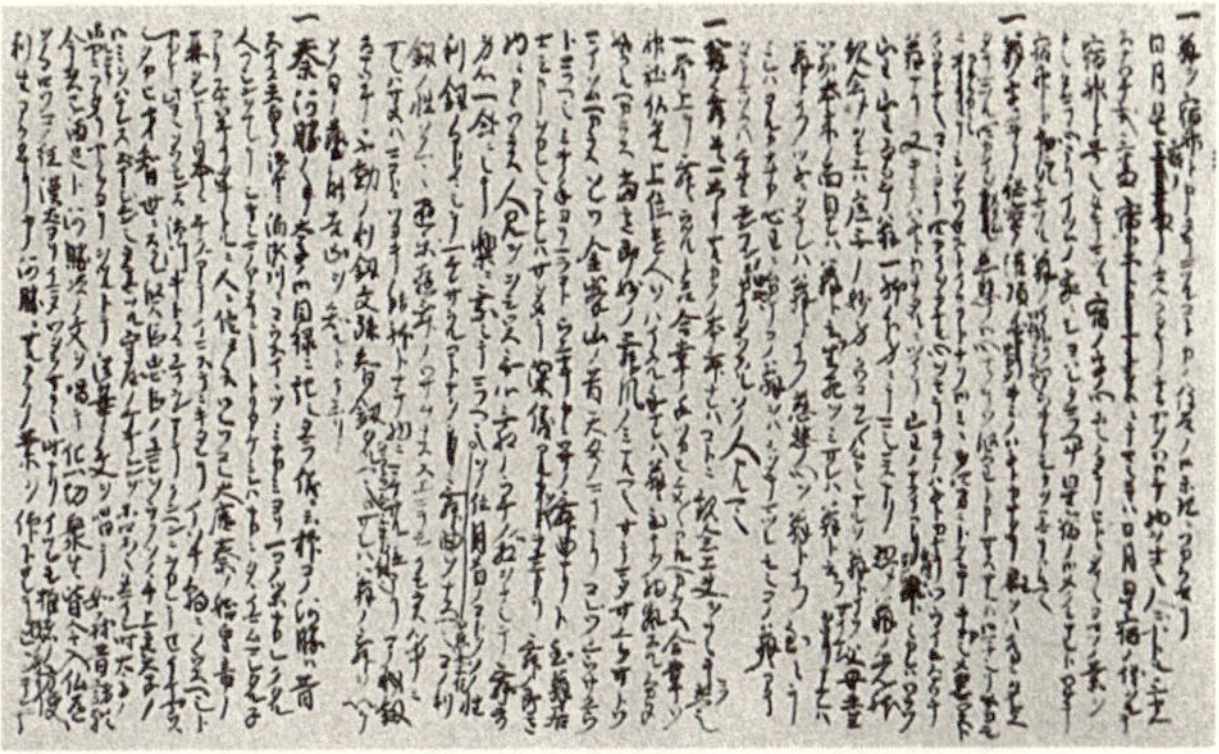
『明宿集』（禅竹自筆本、鴻山文庫蔵。「日本思想大系」24より）

あろう。

　表章は、この書には「宿神」の絵と讃も付けられていたのではないかと推測しているが、私もそう思う。

　さて、『明宿集』の内容は、一口でまとめれば次のように言えよう。猿楽に出てくる〈翁〉は「宿神」である。「翁舞」では〈日〉〈月〉を現す御立烏帽子を付け、手にした御数珠《じゆず》は〈星〉宿が連なる様を現す、と禅竹は言う。

　その「翁舞」を始源とする猿楽は「王位ヲ守リ、国土ヲ利シ、人民ヲ助ケ給フ」神聖な遊楽遊舞である——それを論証するために、禅竹は記紀神話をはじめ多くの文献を引いている。

　ここに出てくるのは住吉大明神・諏訪明神・三輪明神・春日ノ神・大避《おおさけ》大明神などの神々、さらに阿弥陀・観音・大日などの仏たちであるが、いずれも〈翁〉の本体であり化現であるとする。「百億ノ日月、山河大地、森羅万象、草木瓦石等ニ至マデ」、みなこの〈翁〉の分身であるという。

表章はその解説で、「一切の神仏を翁―宿神に結びつける牽強付会の論法に見られる非合理性が伴っていた」と論評している。確かにその通りであって、ざっと読むとまさに荒唐無稽な文章であり、森羅万象をちりばめて論理的な脈絡など一切無視して書かれている。

私なりに荒っぽく言えば、これは先にみた卑賤視された集団に伝わる「由緒書」の祖型とも言うべき文章である。周縁の民に伝わる河原巻物類の先駆的な作文として読めば、きわめて興味深い。その荒々しくオクターブの上がった文体も、きわめて魅力的だ。こういう文章は、天皇側近の統治者や高位貴族から出た文人ではとても書けない。

秦河勝と播磨国

『明宿集』によれば、「秦河勝ノ御子」は三人だった。河勝は一人に武を伝え、一人に伶人を伝え、一人に猿楽を伝えたとある。

二人目の伶人は、唐の舞楽を演じた四天王寺の楽人を指す。そして三人目の猿楽の子孫が、「当座円満井金春大夫也。秦氏安《はたのうじやす》ヨリ、今ニ於キテ、四十余代ニ及ベリ。尚《なお》行末千秋万歳、家業長久ニシテ、際限アルベカラズ」とある。これも代々語り継がれてきた伝承であろう。そして猿楽の中でも最も神聖な楽である「翁舞」について、禅竹は次のように言う。

昔ワ、翁ヨリ始メテ、六十六番ノ猿楽ナリシヲ、昼夜ノ神事暇《いとま》アラザル謂《いわ》レ、マタ深キ義ヲ御思惟アリケルカ、太子ノ御教エニヨリ、六十六番ヲ式三番ニ約《つづ》ム。多儀コノ中《うち》ニ籠モレリ。

昔の猿楽は「翁舞」を始源として六十六番あったが、聖徳太子の教えでそれが簡略化されて「式三番」となった。さらに続けて、秦河勝は「翁ノ化現《けげん》疑ヒナシ」と言う。その理由は、秦の始皇帝は大唐の御門《みかど》であって、河勝は「始皇ノ再誕ト名ノリ給エバ、翁ニテマシマス事疑ヒナキ所ナリ」。そして、河勝の晩年について次のように言う。

業ヲ子孫ニ譲リテ、世ヲ背キ、空舟《うつおぶね》ニ乗リ、西海ニ浮カビ給イシガ、播磨ノ国南波《なわ》尺師《しやくし》ノ浦ニ寄ル。蜑《あま》人舟ヲ上ゲテ見ルニ、化シテ神トナリ給フ。（中略）ソノ後、坂越ノ浦ニ崇メ、宮造リス。次ニ、同国山ノ里ニ移シタテマツテ、宮造リヲビタ、シクシテ、西海道ヲ守リ給フ。所ノ人、猿楽ノ宮トモ、宿神トモ、コレヲ申タテマツルナリ。

子孫に家業を譲った河勝は、空舟に乗って瀬戸内の播磨の浦に漂着した。空舟は、大木の中をくり抜いて造った丸木舟である。そこで宮造りをして、〈翁〉の化神となり、地元の人たちから「猿楽ノ宮」「宿神」と呼ばれるようになった、と言うのである。このくだりは、先にみた『風姿花伝』とほぼ同じ内容だが、世阿弥からよく聞いた話だったのだろう。

「宿神」は日・月・星の光

さらに禅竹は『明宿集』の結論の部分で、〈翁〉は「宿神」であると断じて、次のように述べている。これをみると、なぜ「式三番」が猿楽の始源であるのかよく分かる。

翁ヲ宿神ト申タテマツルコト、カノ住吉ノ御示現ニ符合セリ。日月星宿ノ光下《くだり》テ、昼夜ヲ分カチ、物ヲ生ジ、人ニ宿ル。三光スナワチ式三番ニテマシマセバ、日月星宿ノ儀ヲ以テ宿神ト号シタテマツル。宿ノ字ノ心、星下テ人ニ対シ、ヨロヅノ業《わ》ヲナシ給フ心アリ。イヅレノ家ニモ呼バレ給フベキ星宿ノ御恵ミナレド、分キテ宿神ト号シタテマツル翁ノ威徳、仰ギテモナヲ余リアルベシ。

〈翁〉は、昼夜を分け、物を生じ、人に宿る「日月星宿ノ光」である——そのように禅竹は結論する。〈日〉〈月〉〈星〉の三つの光——それを象徴しているのが翁舞の「式三番」である。

つまり「宿」は、天文道の「星宿」であり、今流に言えば「星座」である。そしてこの「三光」を、舞歌として表現するのが「翁舞」である。なんとも明快な結論ではないか。禅竹は、その張りがあって歯切れのよい文体でこのように断じる。

この〈星〉の光は、どの家にも呼ばれてそこに宿り、いろいろの恵みをもたらす。この〈日〉〈月〉〈星〉の光を体現しているのが〈翁〉であって、「星宿」から下ってきて家々に宿るがゆえに「宿神」と呼ぶ。

古代中国では、黄道に沿って天球を二十八に区分した。東は蒼（青）龍、北は玄武、西は白虎、南は朱雀――この四宮に分け、さらに各宮を七分して「二十八宿」とした。黄道に沿って天球を二十八に区分した二十八宿は、日・月の運行の目印となった。太陰（月）は二七・三日で地球の周りを回るので、この二十八の数が定められたが、一日ごとに月が宿る星が「宿」と呼ばれた。

つまり〈天〉の動き、〈陰・陽〉の動きを具体的に明示するのが星座であった。その「星宿」から下ってきた宿神である〈翁〉は、「イヅレノ家ニモ呼バレ」てそこに宿り、人民に幸福をもたらすのである（先ごろ大和のキトラ古墳に描かれている星座の精密なデジタル写真が公開され、高句麗の古墳壁画と同系統であるとの分析結果が発表された）。

「人民ヲ助ケ給フ」宿の神

このようにみてくると、『明宿集』というネーミング自体が、「星宿」＝〈翁〉＝「宿神」に由来していることが分かる。つまり、禅竹は陰陽道にもよく通じていたのである。

そしてこの宿神は、「王位ヲ守リ、国土ヲ利シ、人民ヲ助ケ給フ」。すなわち宿神は、天上天下に遍在する神霊である。「百億ノ日月、山河大地、森羅万象、草木瓦石」に至るまで、いずれもこの宿神の「分身」「妙体」なのだ。万物に宿って、それを動かす「精霊《アニマ》」なのだ。

有史以前から「巫覡」が説いた精霊信仰、その根本にはアニミズムがあることを第一章で述べたが、禅竹の「宿神」思想は、まさに〈日〉〈月〉〈星〉をはじめとする大自然の神霊崇拝が根源にあった。そして〈翁〉は、その化現としてこの世に現れた姿であった。

次章で述べるように、『大乗院寺社雑事記《ぞうじき》』で声聞道として挙げられていたのは、「陰陽師、金口《ごんく》、暦星宮、久世舞《くせまい》、盆・彼岸経、毘沙門経《びしゃもんきょう》等芸能」であった。そして、声聞師たちの自専できる「七道者」として、「猿楽、アルキ白拍子、アルキ御子、金タタキ、鉢タタキ、アルキ横行、猿飼」の七つの職種が挙げられていた。そのトップに挙げられているのが「猿楽」であった。

このようにみてくると、声聞道そのものが陰陽道と深く関わり、各地にあった猿楽の諸座も、その出自をたどれば古代の散楽戸《さんがくのへ》から中世の声聞師系に行き着くのではないか。そして大和では、これらの声聞師の系譜に連なる小集落が「宿」と呼ばれていたのである。禅竹がそのことを意識してこの『明宿集』で「宿神」論を展開したのかどうかは分からないが、声聞道に詳しい家系の出であったことは疑う余地がない。そしてこの

『明宿集』は、まさにこの集団に連なる人びとの由緒書であり、芸能に従事した「道々の者」の聖典というべき文書であった。

第七章　近世「役者村」の起源

一　中世の陰陽道と声聞師

散所の乞食法師と万歳

藤原明衡《あきひら》（九八九？―一〇六六）の『新猿楽記』には、千秋《せんず》万歳を名乗る芸能者が酒造りの予祝芸を演じる様が描かれている。この万歳は、酒醸などで慶祝として演じられていた。それが初春の予祝行事として演じられるようになったのは、平安時代の末期からである。鎌倉中期の語源辞書である『名語記《みようごき》』には、次のように記されている。

「三番叟」の装束をまとう播州歌舞伎の一座（『ニューひょうご』1990年2月号より）

千秋万歳トテ、コノゴロ正月ニハ散所ノ乞食法師ガ仙人ノ装束ヲマナビテ、小松ヲ手ニサゲテ推参シテ、様々ノ祝言ヲ言ヒツヅケテ、録物ヲアヅカルモ、コノハツ日ノ

イハヒナリ

散所法師が小松を手にして、仙人の装束で家々を訪れた。仙人は、俗界を離れた山中で神変自在の神通力を得た修験者であって、中国の道教では理想の人間として造形された。先にみた「宿神」の化現としての〈翁〉は、山に棲むこの仙人が村里に下りてきた俗形とみなされたのではないか。

彼らが手に捧げている松は歳徳神《としとくじん》の依代《よりしろ》であり神座だった。

数多くの貴人の日記にみられるように、声聞師たちが貴人の館を訪れて万歳を演じた。その舞台は御庭の筵の上で、「言祝《ことほぎ》」を終えると猿楽や曲舞《くせまい》などを余興として演じた。『臥雲《がうん》日件録』の文安四（一四四七）年正月二日の条に、「一種乞食、革歳首《としのあらたまるはじめ》、人家ニ到リテ祝言ヲ歌フ。世ニ之ヲ千秋万歳ト号ス。前後相《あいお》逐ヒ来ル各百銭ヲ与フ」とある。彼ら声聞師が演じる万歳は乞食芸の一種とみられていたのである。

祝い言葉で予祝するだけでは、周りで見ている者は退屈してしまう。それで祝詞を述べたあと、余興として芸能を演じた。それも当時流行の芸能を取り入れて当意即妙に演じた。

彼らは土御門家の支配を受けていた陰陽師集団であったが、「大黒の党」「北畠の党」「桜町の党」がよく知られ、その史料も揃っている。彼らが演じた千秋万歳については「遊芸民の民俗誌」（『旅芸人のいた風景』文春新書／河出文庫）として別にまとめる予定なので、深入りしない。それでこの章では、万歳芸から人形芝居・歌舞伎に進出した「役者村」に重点をおいて述べることにする。

陰陽道と万歳とは深い関わりがあった。その媒介役を務めたのが中世の声聞師集団であった。万歳の成立史については、盛田嘉徳『中世賤民と雑芸能の研究』（雄山閣、一九七四年）、山路興造『翁の座――芸能民たちの中世』（平凡社、一九九〇年）などの先行的研究がある。散所の成立史についてはこれまで数多くの論考が発表されているが、脇田晴子『日本中世被差別民の研究』（岩波書店、二〇〇二年）が最近の労作である。

声聞師が自専した「七道」

奈良の声聞師集団については、大乗院門跡だった尋尊《じんそん》の日記『大乗院寺社雑事記《ぞうじき》』（一四五〇―一五〇八年）に詳しい。大乗院門跡の支配下に「五カ所・十座」と呼ばれる声聞師たちがいた。彼らの従事する「唱聞道」は、『雑事記』の文明九（一四七七）年五月十三日条に、「一切唱聞之沙汰条々、陰陽師、金口、暦星宮、久世舞、盆・彼岸経、毘沙門経等芸能、七道者自専事……」とある。

自専できる「七道者」は、十四年前の寛正四（一四六三）年の記録に「七道者　猿楽、アルキ白拍子、アルキ御子、金タタキ、鉢タタキ、アルキ横行、猿飼」と出ている。自専とは、それらの仕事をやる者を支配下に置いているという意味である。

ところで、彼らが従事していた「唱聞道」は、私なりにまとめると次の三系統にしぼられる。

第一は、祈禱、予祝、卜筮《ぼくぜい》、頒暦など陰陽道系の職能である。陰陽師・暦星宮・猿飼などは明らかにそうである。

第二は、門ごとに経を唱えて雑芸能を演じ、喜捨を乞うた遊芸系である。七道者のトップに「猿楽」があることが注目されるが、彼らは「宿猿楽」と呼ばれていたようだ。この『雑事記』は世阿弥が没して数年後から書き始められている。したがって、すでに大和四座の名声は確立し、「宿猿楽」とは一線を画していたと思われる。

ここに出てくる盆・彼岸経、毘沙門経をはじめ、金口・金タタキ・鉢タタキなどは中身はほとんど同じであって、僧形に身をやつして門ごとに読経をし、摺り仏や経巻を配って歩いた。難解な経文の真意も分からぬままに、それを空読みして門ごとに喜捨を願った乞食法師も多かった。『雑事記』寛正三年九月二十八日条に、「声聞師ハ乞食事ナリ」と記されている。

第三は、池掘り・開墾工事・庭造りなどであるが、これも単なる余業ではなくて、彼らは土地の神を鎮めて、工事の成就を祈念する呪法を心得ていたのであった。中世の庭園師としては山水《せんずい》河原者・善阿弥の一族が有名だが、樹木や池を配し、池を掘って泉水を設け庭造りをする仕事は、方位などの吉凶に関わる陰陽道の基礎知識が必要だった。

祇園社直属の下級神人《じにん》だった「犬神人」もこの一党とみられていた。清水坂「非人」の後裔とみられ、弓弦《ゆみづる》を行商したところから「つるめそ」とも呼ばれた。その役務は、清目・警固・葬送であったが、吉凶占いの懸想文《けそうぶみ》を売るなど呪術者的な機能もそなえていた。

離散した散所声聞師

応仁元(一四六七)年から十年も続いた応仁の乱で、京の都は戦乱の巷となり、幕府の権威は地に落ちて群雄割拠の戦国時代に突入した。多くの荘園を所有していた大寺院の宗教的権勢も衰微し、下層の散所民は路頭に迷う窮状に落ち込んだ。京都の鴨川・桂川・淀川沿いには、権門社寺の散所があちこちにあったが、室町末期の頃には河原者と同じように卑賤視されるようになった。

陰陽道や遊芸で生活していた声聞師は、農民化することもむつかしく、その職能を捨てて別に生きる道を探すことも困難だった。遊行者・遊芸民たちは、戦乱で荒廃した各地を巡っても、生計を立てることはむつかしかった。一向一揆に代表される民衆の反権力闘争の側に身を寄せる者も出てきた。

各地を回っている遊芸民たちは、新しい知識を仕入れて、自分たちの芸能を活性化させるべく必死の努力を重ねた。語り物にしても新しいネタを取り入れていかなければ、時の流れからとり残され、民衆の愛顧を得ることができなくなる。

『小栗判官』『愛護若《あいごのわか》』『しのだづま』など、賤民の側に視点を置いた説経節が語り始められたのも、そういう時代的背景があったからだ。卑賤視されながらこの苦難の俗世をなんとか生き抜こうとした人たちの「モノ・カタリ」は、次々に波瀾万丈のストーリーを紡ぎ出して、度重なる戦乱で傷ついた貧しい民衆の心を癒してくれた。

文字も満足に読めない農民にとっては、村境を越えてやってくる遊芸民は、新しい情報の運び屋だった。特に加持祈禱の呪力でもって吉凶を占う陰陽師は、時代の行く末もよく分からぬ民衆に大きい影響力を持っていた。

戦国時代末期、一向一揆勢に手をやいていた織田信長・豊臣秀吉は、声聞師・陰陽師、それに諸国を漂泊している「聖《ひじり》」たちを徹底的に取り締まった。裏側にあって民衆を煽動する者を捕らえて騒擾の根を断とうとしたのである。

一向一揆の最終段階で、多くの遊芸民が掃蕩された。例えば、「高野聖を尋ね捜し、搦《からめ》捕らえて、数百人、万方より召し寄せられ、悉《ことごと》く誅され候」（『信長公記』巻十四）とあるように、反乱者・荒木村重に加担したとして数多くの「聖」が処刑された。関所通行御免を利用して、不穏な言動があったというのがその理由である。語りの芸をもって地方を旅する彼らが、民衆の不平不満を組織して回り、反権力の方向へ煽り立てる可能性があることを、いちはやく見てとったのだ。

秀吉による陰陽師狩り

秀吉が大軍を派遣して朝鮮侵攻を開始したのは文禄元（一五九二）年であったが、翌年十一月に陰陽師狩りを発令している。全国規模でなされたのかどうか、それを明らかにする史料は残されていないが、『駒井日記』によれば、当時関白秀次所領だった尾張に、京都・堺・奈良の陰陽師計百三十一人が「荒地おこし」という名目で強制的に徴用されている。

その頃は石高制をもとに、〈兵・農分離〉〈町・在分離〉のいわゆる太閤検地が着々と推し進められていた。農・工・商のいずれにも属さないで、諸国を浮遊している巫覡や遊芸民の輩《やから》は、社会的にも無用の集団であった。

とはいえ、彼らが祈禱・易占・芸能を通じて民衆社会で築いていった影響力を無視することはできず、その呪術性を逆に利用したのであった。すなわち、地の神を鎮める祈禱を得意とする陰陽師に荒地を開墾させて、彼らを農民化させるという一石二鳥の政策だった。

また、その時期に予期しなかった嗣子秀頼が産まれ、秀吉と秀次の関係は急速に悪化しつつあった。情報収集力にすぐれた陰陽師を秀次の所領に配置して、その動向を監視させたのであろう。遊芸民にそのような役目を担わせたことは、近世に入って香具師《やし》の一部が権力に利用されたことをみても分かる。

秀吉の陰陽師狩り政策が、戦国大名の各領地でどのようになされたのか、その全貌を知ることはできない。戦乱のさなか、大名たちがその戦陣に陰陽師を引き連れていて、「いざ出陣!!」の際には、絶えず吉凶を占わせて開戦の機を決定したことはよく知られている。秀吉にしてもそうであった。したがって、この陰陽師狩りがどこまで本音でなされたのか、まだ未発掘の史料があるというのが私の意見である。

また文禄四（一五九五）年の秀次事件に連座したとの嫌疑で、土御門久脩《ひさなが》が流罪となった件も、秀吉の陰陽師弾圧と関わりがあったと考えられる。

それはともかく、秀吉のこの政策によって、形骸化しつつもまだ残っていた官人陰陽師の権威は地に落ちた。それとともに、地方にいた民間陰陽師に対する卑賤観がさらに強まったことは間違いない。

中世末期から近世初頭にかけて、彼らが住んでいた散所や宿は、衰微し変貌していった。京都の陰陽師集団は尾張に移住させられたことによって、戦国動乱のさなかにそのかなりの部分が消滅していった。それでもなお声聞師村・陰陽師村は、各地で根強く生き延びていった。

近世に入ると、このような系譜の集落は、「陰陽師」「ハカセ」「万歳」「院内」「寺中」「算所」「太夫」「夙」などと呼ばれるようになった。中世からの声聞師・陰陽師系が、寺社の庇護下を離れて、あちこちに離散していって小集落を形成したのである。

元禄・享保の頃から賤民規制がますます強まり、「穢多」「非人」を中心とした身分統制が全国的に制度化された。彼ら声聞師・陰陽師系は、一部は耕地を手に入れて農民化していったが、それも容易な道ではなかった。周りの町人・百姓との通婚もできず、他の職業に移ることもままならず、社会的に浮上する機会には恵まれなかった。吉凶の占い・祈禱・暦の配布・万歳などの祝福芸で困窮の日々を過ごしていた。

私も一九七〇年代から、「三河万歳」の名で知られている別所万歳・森下万歳・院内万歳の在所を訪ね歩いた。尾張万歳・知多万歳、そしてその影響下にあったとされる伊勢万歳も訪れた。伊勢万歳では、九十歳を過ぎた古老から聞き取りをさせていただいた。今では村の景観もかなり変わっているだろう。一番印象に残っているのは、近世の初春には江戸まで訪れた森下万歳(現愛知県西尾市)の侘しいたたずまいだった。

この問題については、『陰陽道叢書』第三巻・近世編(名著出版、一九九二年)の三鬼清一郎「普請と作事」、山本尚友「陰陽道と差別」、木場明志「江戸時代初期の土御門家とその職掌」を参照されたい。なお、本稿では立ち入る余裕がなかったが、民間陰陽師を含めた土御門家支配による近世陰陽道の歴史的推移については、高埜利彦「近世陰陽道の編成と組織」(『日本近世史論叢』下、吉川弘文館、一九八四年)と、遠藤克己『近世陰陽道史の研究』(未来工房、一九八五年)が基本文献である。

二　近世における「役者村」の成立

近世の「役者村」

西日本では、鉢叩き・鉢開き・茶筅などと呼ばれた「空也念仏聖」系と、陰陽師の系譜を引く集落が、中世後期の頃から万歳や人形舞《デコ》わしをやっていた。その一部は、元禄の頃から人形浄瑠璃や歌舞伎にも進出して、その集落が「役者村」と呼ばれるようになった。

役者村は九州だけでも十数カ所あったが、やはり平民とは身分が違うとして賤視されていた。明治期に入ってからの近代化の過程で、これらの役者村は急速に衰退していった。現在、日本で唯一残っている旅回りの役者村が、嵐獅山《しざん》・中村和歌若《わかじやく》の古老二人がまだ現役で活動している播州歌舞伎の一座である。

播州の東高室村《ひがしたかむろ》に残る言い伝えでは、元禄時代には「高崎播磨」と名乗る有名な陰陽師がいた。その陰陽師たちは中世末から万歳をやっていたが、元禄期に大坂から流れてきた役者に教えられて、万歳芸から歌舞伎へ進出した。

江戸時代の末期には、このような役者村から出た一座が各地を巡業して回っていた。私が見た限りでは、その最も早い史料は鳥取藩の元禄七年から九年にかけてのもので、「鉢屋」たちの願書が残っている。「米子鉢屋渡世難成《なりがたき》ニ付、御当地之罷越《まかりこし》、操仕度《つかまつりたき》旨《むね》願ニ付……」とある。

元禄七年は一六九四年で、江戸時代に入ってからまだ百年も経過していない。この文書は、倉吉・米子・松崎に住んでいた鉢屋からの願書であって、「操」とは人形《デコ》舞わしである。元禄九年の史料には、「松崎之鉢屋、松崎近辺ニテ歌舞伎十七日　奉願《ねがいたてまつり》　御免被成度《なされたき》事」とあるから、鉢屋たちは歌舞伎もやっていたのである。

この元禄の時代に、操や歌舞伎の興行を願い出るほどの芸能的力量を、彼らがすでに持っていたのだ。中世末の時代から門付け芸として人形舞わしをやり、その基盤の上に歌舞伎を上方から導入したのだろう。

旅回りの一座の役者たちは、なかには大芝居に劣らぬ名優も出たのであるが、流浪の旅を続ける漂泊芸能者として賤視された。通婚は、役者村同士に限られていて、農民や町人との通婚はなかった。

明治維新後の新時代に入ると、近代化の波に直面して、彼らの前途はさらに多難となった。その芸術性の高さで近世演劇史に名をとどめ、最盛期は七、八座あった播州の高室芝居にしても、なんとか明治・大正・昭和前期を生き抜いていったのだが、第二次大戦後はたった一座となってしまった。

北九州の役者村を訪れて

中国から九州にかけても役者村は多数存在した。なかでも、長門の川棚役者、豊前の中津役者、筑前の植木役者・泊《とまり》役者・芦屋役者などは、近世の記録もいくらか残っていてその活躍ぶりが知られている。とりわけ注目されるのは、藩主の御前《ごぜん》で演じるので御前芝居と呼ばれていた川棚役者の「若嶋座」の座元兼座頭であった若嶋梅三郎の巡業日誌が発掘されて、近世における旅役者一座の地方巡業の実態が初めて明らかになったことである(日本演劇学会編『歌舞伎の新研究』中央公論社、一九五二年)。

一九六〇年代末の調査だが、庵谷巌の「北九州役者村」という力作がある(角田一郎編『農村舞台の総合的研究』桜楓社、一九七一年、所収)。長州・筑前・筑後・豊前・豊後など十一の役者村の実地踏査である。しかし、これらの役者村は、「いずれも転退してほとんど何の遺物も止めない所が多い」と記されている。

私も豊後の高田散所歌舞伎や北原人形芝居の調査に行ったが、高田では当時の豪華な舞台装束と脚本が残されていた。手書きの脚本もあった。その一座の故郷である馬場屋も訪れたが、その山深い里に残っている古い供養塔をみて、どうやら中世の三昧聖の系譜を引いているのではないかと思った。

豊前国の古社・薦《こも》社の散所神人だった北原の場合は、次の史料にあるように、算所（散所）陰陽師であったが、近世に入ると人形芝居と歌舞伎へ進出した。現在は小さな資料館があるだけだが、江戸期の村の風情は、氏神の原田神社の境内にある舞台、淡嶋《あわしま》様などの末社のたたずまい、そして神社に奉納される「万年願」に往時の姿を僅かにとどめている。郷土史家の島通夫の「北原人形芝居おぼえがき」（『大分県地方史研究』第七号、一九七五年）は貴重な史料研究である。

一、豊前下毛郡筑地村北原算所と申候ハ、薦《こも》社陰陽師也。因之《これにより》祭礼之吉日良辰、不浄の祓、心経会等之儀を主《つかさど》り、相勤来候。中古兵乱之時分より断絶して、其事名のみにて不行。剰《あまつさえ》古記池魚の災にかかり、僅《わずか》に其流をつぐといへとも、其由緒を知事《しること》もなく成来候。

一、只今の歌舞伎ハ、近キ頃出雲丞参候て躍《おどり》を教、かりそめに習候より、家業之様ニ成来候。細川三斎（忠興）公、小倉の城御築被成《なされ》候節、薦社の由緒によりて、天守土

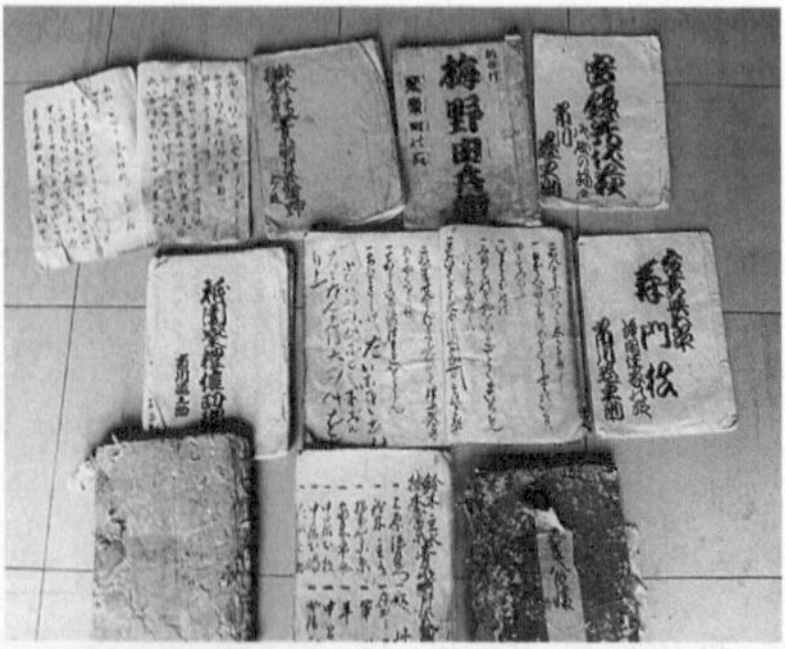

大分県の豊後高田の役者村で保存されている台本

▼豊前長洲に伝わる「夙神」。数百年前の古い傀儡である。

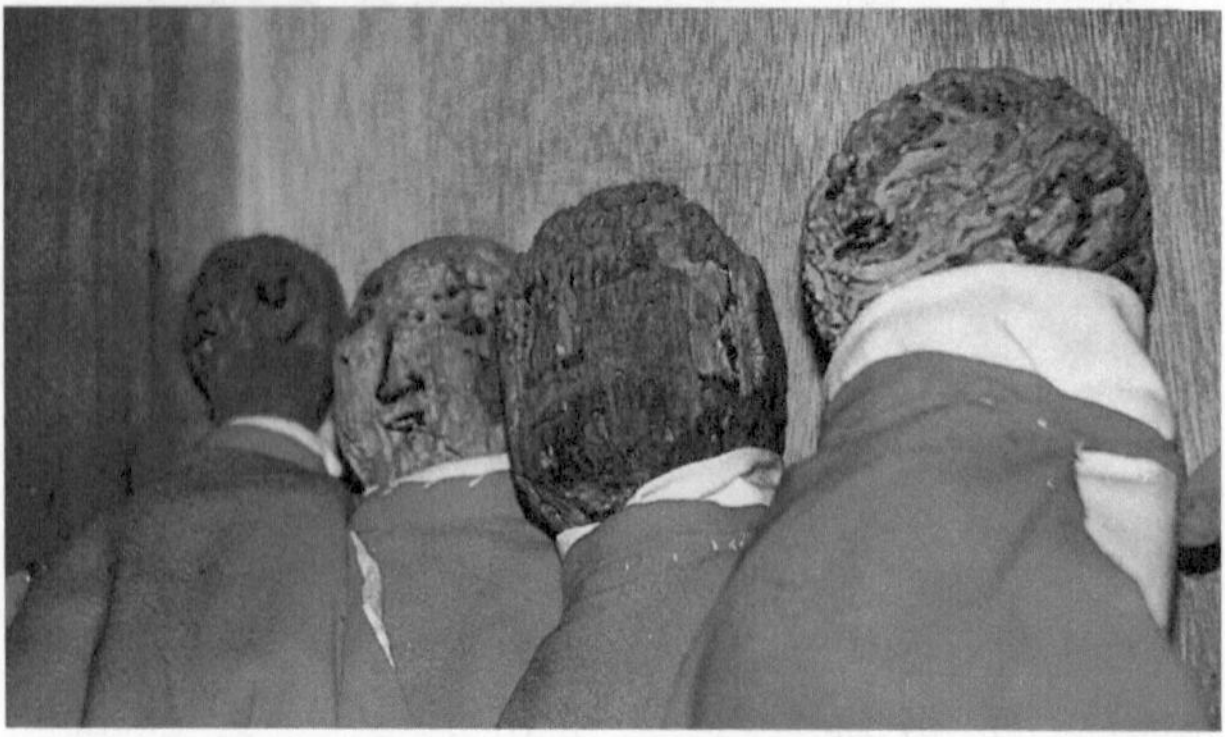

台躍鎮申様ニと被仰付《おおせつけられ》相勤。依之寛永弐、北原村諸役御免、元高百十四石四斗分夫米被下置《くだされお》き、証文于今《いまに》所持致候。

明治の初期には、歌舞伎の座が八、人形の座が八、あわせて十六の座があって、全百三十余戸のうち八割以上が遊芸に従事していた。昭和期まで残ったのは、人形座の一つだけであった。

そのとき案内していただいたのが、梳田美純氏だった。氏の研究は「大分県におけるくぐつの系譜・芸能村」（『佐賀部落解放研究所紀要』４、一九八七年）に概要が述べられているが、これもフィールドワークを重ねて調べた労作である。

北原の一座結集のシンボルは「翁面」であって、正月には翁面の前に皆が集まって座元に対する誓物がなされる。二月四日の奉納芸では、一番先に「三番叟」が演じられる。柳田國男も一言だけ触れていた豊前長洲《ながす》には、「宇佐夙《しゆく》の頭《かしら》」と呼ばれた山崎氏がいた。そこの小社に祀られている「夙神」は、私も見せてもらったが何百年も経ったと思われる古い傀儡《くぐつ》であった（なお、ここでは言及できなかったが、佐賀県にも「たたき」「美麗」「れんとび」と呼ばれた民俗芸能があった。「たたき」は「鉢叩き」の略称であろう。その問題については『佐賀部落解放研究所紀要』に、米倉利昭と中村久子の労作が寄せられている）。

薩摩藩の「慶賀」について

薩摩藩には、「四苦《しく》」（のちに「穢多」と改称）のほかに、「慶賀《けんご》」と呼ばれた賤民がいた。文字通り正月などのハレの日に御祓いなど祭礼慶賀を役務としていた。天明三（一七八三）年十一月に慶賀主取万助・金十郎が庄屋衆に出した「口上覚」には、もと鎌倉にいて安部左衛門と称してきたが、鹿児島に来たり、「博士」役を勤めてきた、とある（この「慶賀」についての先駆的研究は、松下志朗「薩摩藩の被差別部落について」『部落解放史・ふくおか』17、一九七九年、所収)。

近年、薩摩藩の地誌に関する基本史料として『庄内地理志』がようやく全文復刻されたが、その中に次のような注目すべき記述がある(『都城市史』史料編・近世I、二〇〇一年)。

日本諸国に此種類多繁栄也、於諸国唱《となうるところ》処之名異る也、於何方《いずかたにおいても》穢多と同し賤キ者とする由、晴明之流儀を伝へ行とする、年月日・方角・支干之吉凶・首級葬送之唱歌都《すべ》て陰陽之祝儀を業とす、仍《よっ》て上古ハ陰陽博士と称号して悪鬼妄邪を通除、千秋楽を唱《となえ》、仍て御国中御当地年首《としはじめ》之慶賀申上ルと見得たり

世俗慶賀を呼てあじやりと云り、あじやりにあらす彼《かの》慶賀之居処をあじやりと云といへり、共に非なり、阿闍梨《あじやり》は僧之極官なり、系図に見へし通り、然し是も取にとられす、青瀨と記せし物は旧記有、あじやりとは穢多の惣名にして粟舎利なるへし、熊野・祇薗を祭る供物粟の飯を備へしを第一とす(後略)

慶長十四年己酉七月四日　御炊太夫判
安種子伊豆太夫又令参宮、受官名証昔
日向国庄内之住人今度伊勢就参宮、仮名改伊豆太夫者也
寛永拾五年八月吉日　御炊太夫印

江戸の増上寺境内での「ささら説経」（『江戸名所図屏風』）

門付けをして歩く「門説経」（『人倫訓蒙図彙』）

この一文には、諸国に同じ類の者が多く、さまざまの呼称を唱えているが、どこでも「穢多」と同じような賤民とされた、とある。薩摩藩の「慶賀」は、やはり晴明の流儀を伝え行う陰陽師であったことは明らかで、初春には千秋万歳を演じた。この「慶賀」身分については、他の箇所に出てくる史料とあわせて、さらに精密に分析する必要がある。地方にいた陰陽師に関する重要な史料であるが、特にこの薩摩では、熊野信仰や牛頭《ごず》天王信仰とも関わっていて、民間信仰で占めていたウェイトは他の地方より高い。『簠簋抄《ほきしよう》』で、蘆屋道満が晴明と対決するために薩摩から上京したとあったが、どうも古くから民間陰陽師が数多くいたようである。その点でもこの薩摩は注目される。

土佐・赤岡の散所太夫

土佐国でよく知られた宇多の松原の近くにある赤岡町は何回も訪れたが、古い由緒を持つ被差別部落がある。地頭中原秋家がここへ移転してきた際に、武具製造の職人・陰陽師・遊芸民を引き連れてきて河口の三角州に定住させたが、その歴史を物語る古文書が揃っている。部落の周辺には、「たいこ屋敷」「いのちみこ」「傀儡」「簓《ささら》」といった中世の芸能と深い関係のある字名《あざな》がそのまま残っている。三角州の城下町寄りが昔の散所であって、職人たちが住んだ。そして海岸の荒蕪《こうぶ》地には、賤視された仕事に従事していた人びとが住み着いた。「さんしょう太夫」（散所太夫）と呼ばれた芦田主馬太夫が、長年にわたって土佐一円の陰陽師・唱門師（声聞師）を支配していた。

この赤岡から、多くの遊行芸能者が出た。説経節の系譜を引く祭文《さいもん》や口説《くどき》と呼ばれる語りが主であって、『しんとく丸』『苅萱石童丸《かるかやいしどうまる》』『小栗判官』などを語り歩いた。この部落の氏神である美宜子《みきこ》神社のご神体は、遊芸民が持ち歩いた木片のヒトガタ、つまり傀儡である。ここには、癩病にかかった高貴な王女がつづら船に乗せられて流されたが、どこの浦浜でもその姿を一目見るとすぐ海に突き放された。流浪の果てにこの浦に漂着して、ようやく安住の地を得たという貴種流離譚が伝わっている。

幕末の浮世絵師・絵金《えきん》は、夏祭りの地芝居で演じられる歌舞伎を描き、その強烈な土俗的エネルギーと土佐人らしい骨太の作風で知られているが、彼はこのような赤岡の芸能的風土の中でその芸風を完成していった。

芦屋役者村の終焉

一九八〇年の春、福岡の聖福寺周辺の寺中町・普賢堂《ふげんどう》町をはじめ、中世に起源を持つ「寺中」の旧跡を訪れた。そこの狭い路地で小さな地蔵尊を見つけた。掲示板にある由緒書を見ると、「苅萱石童丸物語の発祥の地」とある。つまり、説経節『かるかや』で有名な石童丸は、父の加藤繁氏がこの地蔵尊から温かい石を授かって生まれたが、その由来は『苅萱道心行状記』による、と出典が記されている。寺中町に石童丸縁起に関わる地蔵尊があるということは、説経節の歴史からみても興味深い。

筑前の芦屋の役者村は、空也上人にしたがって西下した九品《くほん》念仏の徒に始まったという古い由緒を持つ。近世初期が始源と考えられているが、幕末の最盛期には三座編成で百数十人の役者を抱えていた。明治期に入ると、アメリカまで興行に出かけた。

今ではかつての集落の面影は残っていないが、芦屋役者についての古い文献は、福岡藩の藩儒であった貝原益軒（一六三〇―一七一四）の『筑前国続風土記』である。そこでは、「唯《ただ》歌舞を以て其業とし、四方に遊行して淫靡《いんび》の音楽をなし、俗を悦ばしめ人に餬《もら》ふ。また傀儡の舞もなさしむ」とある。

この芦屋役者村の明治に入って転退するまでの記録は、野間栄の「芦屋歌舞伎ひろい書」（『芸双書』10、『かぶく』白水社、一九八二年、所収）に詳しい。その中で、次のような古老の思い出話が紹介されている。

「あたしが役者をやめた頃は、まだ芝居の役者は世間から乞食かなんぞのように、さげすまれておったんです。芝居の座を解散にふみきったのも、これが一番の原因ですたい。そん時、あたし達は先祖が役者やったということを、断じて隠し通そうと誓うて、衣装や小道具、書きものなんかを残らず処分してしもうたんです。それは明治三十六年のことでした」

蘆屋道満伝説が伝わる「万歳」村

堀一郎の『我が国民間信仰史の研究』に、蘆屋道満にまつわる伝承が残っている集落について述べた小節があった。そこに「大和生駒郡安堵《あんど》村飽波《あくなみ》の特殊部落の伝承には、蘆屋道満が此地に流されて此村に死んだと云い、その塚も有していた」とある。この「特殊部落」は賤民系の意で用いられているのであって、この集落は被差別部落ではなく、その身分は「万歳」であった。

先ごろ、安堵町にあるその在所を訪れた。事前に安堵町歴史民俗資料館に連絡して、いろいろ史料を用意していただいた。道満伝説が伝わる飽波垣内《かいと》は、現在では十一軒である。町役場から数百メートル北方に小高い森があるが、そこが飽波垣内の氏神である広峰神社だ。五十メートル四方の小さな境内で、祭神は牛頭天王である。広峰神社の本社は播州姫路にあり、京の祇園社に先立って牛頭天王信仰の発祥の地であることは第三章で述べた。

文政年間に編纂された「大和高取藩風俗問状答」の一月の項に、「博士道満居所の故《こ》

大和国飽波にある広峰社。かつては牛頭天王社と称し、無格社であった。

同社の氏子の間に伝わる烏帽子の骨組み。今ではもう出番はなく、納屋に保存されていた。

阯《し》あり」と記され、「毎歳元旦より三日まで大和平群《へぐり》郡東安堵村鎮守の神前にて踊ることあり、鎮守素盞鳴尊《すさのおのみこと》を祭り牛頭天王と唱ふ」とある。そして牛頭天王は、「往昔南天竺《てんじく》巨大王、悪魔消化の神様」とある。

大和・河内・和泉には牛頭天王を祭神とする小社が多い。いちいち数えたわけではないが、小集落の垣内だけで祀っている小祠を含めると、おそらく数百社はあるのではないか。明治維新前後に尊皇攘夷の波がやってくると、神祇制度の改革で祭神はすべて素盞鳴尊になった。疫病神として広く崇敬されていた牛頭天王は、もともとインドからやってきたとされていたから、新生「神国日本」にふさわしくないとされたのである。

この小さな広峰神社では、元旦には境内で神楽を奏し、初春の三箇日は、その年の歳徳神《としとくじん》に詣でる「恵方《えほう》参り」が行われた。かがり火を持って氏子数百人が三度回る神事も催されたが、これは悪霊を鎮め、害虫を退治する年中行事だった。いずれも陰陽道に基づく信仰である。

文政十三（一八三〇）年の「家数人別増減帳」でみると、「大念仏宗技郷　悪（飽）波万歳」、家数七軒、人数十九人とある（『安堵町史』史料編・上巻、一九九〇年）。当時は「万歳」と呼ばれていたことが分かるが、これは職能を指しているのではなくて身分的呼称であろう。この村は蘆屋道満を祖と仰ぐ陰陽師村であって、広峰神社の北方百メートルに夜《ヤ》法会《ツブ》山と呼ばれる小高い土地があり、そこが道満屋敷跡と伝えられている。

かつて道満がかぶったと言い伝えられる烏帽子《えぼし》が残されていると資料にあったので、どこに所蔵されているのか探しながら神社のあたりを歩いていると、運良く在所の人に出会った。それで烏帽子を見せていただけないかと頼んでみた。もう使ってないのでどこにあるかな、という話だったが、納屋を五分ほど探してようやく見つけてもらった。

今ではもう出番はなく、骨組みだけが残っていた。たぶん近世の物であろうが、紙で作り漆《うるし》で塗り固めて用いたので、そんなに長くはもたなかった。

金春禅竹の『明宿集』によれば、「御立烏帽子」は「両曜アラタナル日月ヲ現ワシ」とある。つまり日月の運行を象徴する烏帽子は、陰陽師にとってはなくてはならぬ物だった。祝言を述べる万歳が、烏帽子を頭にかぶっている絵が数多く残されているが、これは「宿神」として化現する〈日〉〈月〉〈星〉の光を象徴していたのであった。

三　最後の「役者村」播州歌舞伎

高室芝居の起源は播磨万歳

ところで、第二次大戦後まで生き延びた唯一の「役者村」である播州歌舞伎は、おそらく中世後期から伝えられた「万歳」が起源である。

その播磨万歳の記録だが、その初出は鳥取池田藩の「因府年表」「暦年大雑集」である。元禄十四（一七〇一）年の記録に、「往世より播磨万歳と申すもの毎春府下に来たれる御吉例の如く相成り……」とある（守随憲治「鳥取池田藩芸能記録の発掘」『守随憲治著作集』第五巻、笠間書院、一九七九年、所収）。

鳥取藩と姫路藩は、姻戚関係で深い結びつきがあった。姫路藩主だった池田光政は、元和《げんな》三（一六一七）年に姫路城主から鳥取城主に転封された。それまで姫路城下に通っていた播磨万歳も、旧藩主を慕って、はるばる鳥取城下まで伺候《しこう》したのだろう。「往世より……」とあるように、元禄期以前から池田公の膝元に参上していたのだ。

もう一つ赤穂近辺にも、猿楽能の系譜を引く有力な芸能集団があったと考えられる。そのことは先章で述べたが、世阿弥が語っている猿楽の起源伝承では、芸能の神〈翁〉の化身となった秦河勝が、赤穂の坂越《しゃくし》に流れ着いたと伝えられている。

その初春に万歳を演じていた集団が、中世後期の頃では声聞師と呼ばれていたのか、陰陽師と呼ばれていたのか、あるいは「宿」「万歳」「散所」と呼ばれていたのか――それは分からない。だが、東高室で「高崎播磨」を名乗っていた家系が、播磨万歳の頭分だったことは間違いない。その呼称はともかく、播磨一円を持ち場とする民間陰陽師であった。したがって近世初期から、藩主の居住する姫路に伺候することを認められていたのである。初春には生野銀山まで出向いて、当年の繁栄を祈念して賀詞を歌った。

播州歌舞伎の歴史

高室芝居の関連史料が初めて紹介されたのは、一九二九(昭和四)年に編まれた『加西郡誌』だった。古老たちに伝わる伝承も付記されていた。しかし、太平洋戦争の前後ということもあって、その後この役者村の歴史をフォローする論考は全く発表されなかった。

ところが一九六〇年代に入って相次いで新史料が発掘され、それらをまとめて「播磨国高室芝居関係文書」として紹介された(『日本庶民文化史料集成』第六巻、三一書房、一九七三年、所収)。この六点の文書は明治中期の座元として活躍した嵐小六旧蔵文書で、その孫の藪田種市宅から発見された。

新史料の発掘をはじめ、播州歌舞伎に関する戦後の研究を主導したのが、名生《みようじよう》昭雄だった。次いで全国的な視野から高室芝居の芸能史的な位置付けについて研究を深めたのが、歌舞伎興行史の研究に専念していた守屋毅である(両氏ともすでに世を去られた。守屋毅の研究では、次の二著を挙げておく。『近世芸能興行史の研究』弘文堂、一九八五年。『村芝居』平凡社、一九八八年）。

そして播州歌舞伎の歴史と現況が広く世に知られるきっかけとなったのが、寺河俊人の『播州歌舞伎の主役たち』（日本放送出版協会、一九七八年）だった。「高室芝居」の系譜に連なる地回りの歌舞伎一座として、第二次大戦後も実働していた嵐獅山一座の活躍ぶりを克明に追ったルポで、苦難の旅を続けながら伝統芸を受け継いでいった旅役者の実像をくっきりと浮かび上がらせている。「たった一つ残った播州歌舞伎の座長嵐獅山、生粋の高室役者・嵐源之助の精いっぱいの七十年にわたる役者渡世」が活写されている。

本来は陰陽師村であった高室は、日ごろの加持祈禱と初春の「万歳」芸が主な収入源だった。これだけでは生活できないので、「辻占《つじうら》」をやったりしていたが、江戸後期には歌舞伎芝居の座を組織して近在の町村を巡業した。興行に出る際には、氏神様の太歳神社に詣って、その社前で「翁舞」を奉納して旅の無事を祈念したのであった。

農村地域で歌舞伎や人形浄瑠璃がもてはやされた文化・文政期では、播州とその隣の作州だけでも十数座が活躍していたと推定されるが、確かな実数は分からない。客の入りが悪ければ、一、二年で座を解散してしまうケースも多かったと思われる。播州は、全国的にみても最も地芝居が栄えた地域だった。現在確認できる農村舞台も日本一で、その実数は二百近くあったと思われる。

陰陽師触頭・高崎播磨

東高室は、播但線の北条駅から車で十数分の田園地帯にあって、家数百数十戸のひなびた村であった。この東高室が、歌舞伎芝居の役者村として初めて文献に出てくるのは、十八世紀中頃の宝暦年間に編纂された『播磨鑑』である。「加西郡高室村・鶉野《うずらの》村・粟野新村、此処《ここ》に歌舞伎役者有りて、諸国に出る」と記されている。『加西郡誌』では、元禄期から村に伝わる逸話を次のように紹介している。

当播磨国内では「高室俳優」と云ひ、他国では「播州俳優」と云つてゐる。この北条町東高室の俳優は、元禄の初め頃に、大坂から一人の俳優が本郡の東高室村に流れて来て、村の若者によく芝居の話をして聞かせた。そして話に身が入つて来ると、せりふや身振りまでして見せた。若者達は喜んでその話を聞き、遂にはせりふや身振りまでも覚えてしまつた。覚えて見るとそれを実演して見たくなるのが人情で、何かの機会に村内で演《や》つて見た。それが評判になつて近村にまで「東高室の若い衆は芝居がうまい」と噂されだした。そしてその頃、今の賀茂村山下で氏神の鳥居か何かの上棟式があつた時に余興として聘《へい》せられ、莚《むしろ》小屋で演つて見せた。それが大変な大当りで、「高室俳優」の名が一時に高まつた。高室俳優の起りはそれからだと伝へられてゐる。

（中略）

丁度その頃、高室村に「高崎播磨」と云ふ有名な陰陽師があつて、それが土御門家から播州以西三十三ヶ国の易道師として許しを受けてゐた。その高崎播磨は神主をも兼ね、神社の祭礼等には祭式を行ふ傍《かたわ》ら「面かけ」と云ふのをよく演つた。面かけとは今の「万歳」のやうなものであつたらしいが、その面かけが、俳優の芝居に圧倒されるやうになつたので、高崎は面かけに出る際、人気のおこりかけた高室俳優を伴うて出て、芝居を演らせることにした。それで高室俳優の名は一層喧伝されだした。

村に残る言い伝えでは、重要なポイントが四つ語られている。第一は、この東高室に元禄時代には「高崎播磨」と名乗る有名な陰陽師がいて、全国の陰陽師を支配していた京都の土御門家から、「播州以西三十三ヶ国の易道師」として認められていた。

第二は、元禄初期の頃に大坂から流れてきた俳優が、村の若者に歌舞伎芝居を教えたが、それが高室芝居の起源である。

第三は、この高室村の陰陽師たちは、神社の祭礼で「面かけ」を演じていたが、この「面かけ」は〈翁〉の仮面を付けて演じる「翁舞」であった。

第四は、近在の村の祭礼で「面かけ」を演じるときに、大坂役者に習った村の俳優を伴って行ったが、文化年間から人気が出て、「高室俳優」として知られるようになった。

現存する史料では、土御門家から触頭《ふれがしら》としての許可を得たのは延享元（一七四四）年であった。この文書では、高崎播磨は「播州一国陰陽道触頭」であって、播州以西三十三カ国の広大な地域の陰陽道触頭ではなかった。この点はやはり誇大に伝えられていたのだろう。

陰陽師集団だった東高室村

東高室村にはいくつかの史料が残されているが、まず土御門家からの「許状」をみておこう。

許　状

一、呼名可謂播磨事
一、可着烏帽子事
一、可懸木綿手繈事

土御門殿

延享甲子年六月十五日　家司　奉之

播磨加西郡東高室村

高崎播磨殿江

『加西郡誌』の史料で重要なのは、文久二（一八六二）年の「御領知名勝旧跡図会下書抜」である。

東高室万歳芸

御武運長久・国土農稔・五穀豊熟・諸病平癒ノ祈禱ト唱へ万歳芸ヲ元禄年中ニ始メテ是ヲ行ヒ候節、但馬生野《たじまいくの》御代官ヨリ銀山繁栄ノタメ召寄セラレ、旧例ニ依リ今ニ毎年正月元日出勤イタシ候、其頃免許コレナク候テハ、他国へ出難ク成候ニ付、土御門家之御免許ヲ請ヒ、播州一国陰陽道触頭高崎播磨ト名字ヲ頂戴シ、ソレヨリ播磨座ト唱へ、追々相増シ七組ト相成リ、今七座ト申シ習ヒ、狂言振《ぶり》ノ所作ヲイタシ諸国浦々迄モ頼《たのみ》ニ任セ廻リ申シ候

土御門殿御免許写

播磨陰陽道触頭役之事　加西郡東高室村

高　崎　播　磨

この史料では、次の四点が注目される。

㈠　御武運長久・国土農稔・五穀豊熟・諸病平癒の祈禱と唱えて元禄年間に万歳を始めたが、毎年正月に生野銀山繁栄のために招かれ、今でも継続している。

㈡　免許がなくては他国へ出て活動することは認められないので、土御門家に願い出て、「播州一国陰陽道触頭・高崎播磨」の名字を頂戴した。

㈢　それ以来播磨座と称し、今では七組に座が増えた。

㈣　問題なのは「狂言振ノ所作ヲイタシ諸国浦々迄モ頼ニ任セ廻リ申シ候」というく

だりである。この「狂言振ノ所作」とは、明らかに歌舞伎である。陰陽師として許可されていたのは新春のご祈禱としての「千秋万歳」であって、歌舞伎のような河原者芸を演じることは認められていなかった。にもかかわらず「狂言振」と称して、地回りの歌舞伎芸をやるようになった。

「陰陽家行事」のほかの仕事はやりません、と土御門家に誓約書を提出していたのだが、各地で歌舞伎を興行して回ったのであった。

幕末の頃の高室芝居

万歳から歌舞伎へ進出した高室芝居は、その後どうなったのか。『加西郡誌』でその続きをみてみよう。

爾来《じらい》高崎家は一座の頭取格で国内は云ふに及ばず備前、美作《みまさか》其他の近国を興行して回つたが、高崎家は以前からの関係で土御門家へわたりをつけ、毎年銀二十五匁《もんめ》づつを御所へ納め、土御門家から毎年提灯を下げ渡された。その提灯を巡業の都度《つど》必ず真先に押し立てて興行地に乗りこんだものである。(中略)かうなつてくると、東高室村百二、三十戸の誰もが、もう鋤鍬《すきくわ》とつて土掘りなどしてゐる気がしなくなる。青年は云ふまでもなく子供までが俳優を志願する。遂には一村の男ほとんど全部が俳優となり、勘七座、新造座、金蔵座、国造座、福造座、巳代吉座、など七、八座もあるようになつた。この時にはもう陰陽師高崎家は絶え（高崎家の邸跡だけは今もある）、各座独立して各地を巡業してゐた。

この高室俳優の最盛期は今から六、七十年以前であつたが、小六座、金蔵座、勘七座、網助座等最も知られ、中国、四国、近畿、遠くは北海道までも打つて回った。

（中略）

かうして村中の男ほとんどが俳優となつたので、その女房などはまた囃《はや》し方、あるいは衣裳方となつて、座に付いて出る。すなはち亭主は俳優、女房は囃し方、または衣裳方、子供は子役と云つたふうで、一家揃つて巡業に出るのも少なくなかつた。

この東高室は、「石屋三分に百姓が一分、残る六分は皆役者」と俗謡でうたわれていた。天保十四（一八四三）年の史料では、村高は三百七十石、軒数百六十余、人数七百余人で、そのうち百四十余人が芸人だとある。女房・子供も裏方として付いて回るので、村人の六割が役者だという表現は決して誇張ではなかった。子供も四、五歳から子役として舞台に立ったのである。

それが、漸次に減少しだしたのは明治二十七、八年の戦役後で、さらに著しく衰微を見だしたのは日露戦争当時からである。（中略）さうして高室俳優は漸次衰微して今では座も一、二本しかなく、俳優の数も二十足らずとなつてゐる。

四　蘆屋道満伝説の原像

播磨地方と蘆屋道満伝説

しかし、この「高崎播磨」に関する伝承には、日本の陰陽道史にまつわる大きい問題が伏在している。播磨国は、古代から朝廷に仕えていない民間陰陽師の拠点だった。

正平三（一三四八）年頃に成立したとされ、著者不明だが播磨の峯相山鶏足寺《みねあいさんけいそくじ》の僧が書いたと推定されている『峯相記《みねあいき》』（『続群書類従』所収）によれば、安倍晴明との法術くらべに敗れて、播磨に流罪となった道満は、佐用郡に流されてそこで死んだ。しかし、道満の末流は播磨一円に散らばって活動を続けたとある。私見では、この東高室の陰陽師たちは、晴明にゆかりのある朝廷系の陰陽師ではなくて、もともと蘆屋道満系だったのではないか。

先にみたように、晴明と道満の勢力争いの物語は、『蘆屋道満大内鑑』として、竹田出雲により享保十九（一七三四）年に劇化され、大当たりをとった。信太の森の白狐の子であった安倍晴（清）明の出生譚は、誰知らぬ者のない有名な物語となった。

そうなってくると、悪者として故郷の播州に流された道満の名を語る陰陽師は、播州でもいなくなった。道満につながる自分たちの来歴は、歴史の闇の中に封じ込めてしまったのだ。そして、江戸時代も中期に入ると、播磨国の道満系だった陰陽師たちも、晴明の直系である土御門家の支配下に入って官許を得るようになった。

播磨の佐用郡の山間部に現存する「道満塚」

「道満塚」と谷を隔てて対峙する「晴明塚」

佐用町の道満塚と晴明塚

さて兵庫県の佐用町大木谷には、小さな谷を隔てて数百メートルの丘に対峙する、「道満塚」と「晴明塚」がある。「道満塚」の由来については、その塚の祭祀をずっと担われてきた上田家に由緒書が残っていた。その全文を、子孫の上田賢治が一九六五年の『播磨』第六二号（西播史談会）に発表されたが、道満は法道上人から天文・暦学を学んだという注目すべき内容が含まれていた。

一当国印南郡芦屋之里ニ村主清太之後胤也　此清太常ニ天文ヲ心ニ加希年来学居処天之助希成かな法道仙人に出逢天文地理易暦を学ひ書典に志るし家に伝へしを道満学熟して大旨ヲ達シ私ニ法道仙人之弟子成と号法道之道之字ヲ取り道満法師と名附たり　天文暦覚当時加たを抃物な

し　志かるに都に於いて安部清明儒士ニ升進世しと其聞へ四海満たり　何卒其清明と
云ひ〔ママ〕者と法力を争ひ我茂儒士之望起シ　都江登り清明ニ対面之上御前ニ出法力を炕〔ママ〕ニ
争ひ負を取　時ニ清明之弟子ニ成星霜ヲ送リ或時清明帰朝之後同人妻之加たをかたら
ひ　大唐より清明伝受セシ秘書不残写とる或夜清明大酒熟し折ヲ見合秘書之論争ひ清
明を争ひ負し　為其首尾ヲ取り五条河原ニ埋志りるニ　大唐之伯道此之事を志里宋の
太宗皇帝之御時太平興国元年十一月に押渡り　炕ハ清明之あだなりと言ふらし論を仕
か希　つひに伯道のために空敷成給ひしなり　御ひようふハ五条川原道北に埋と在

安政三年丙辰四月

大唐之年号と合ヒ年号　此書物作州川原村村神政之進殿より伝受写し

貞元二年　安政五午年迄ニ八百八拾弐歳相成

この文書については、田中久夫「法道仙人と播磨の陰陽師」（『年中行事と民間信仰』弘文堂、一九八五年）で論じられているが、高原豊明の『晴明伝説と吉備の陰陽師』（岩田書院、二〇〇一年）でも、この由緒書の原本が伝わったとされる作州川原村に言及して、播磨の陰陽師とそれに隣接する美作《みまさか》の陰陽師との深い歴史的な関わりが指摘されていることが注目される。この二つの論考は、蘆屋道満論の水準を一歩も二歩も引き上げた労作である。

ここでは立ち入らないが、田中論文で注目されるのは、道満の師と伝えられる法道仙人について検討し、賀茂・安倍両家とは別系統の滋岳川人《しげおかのかわひと》、日下部連利貞《くさかべのむらじとしさだ》、弓削連是雄《ゆげのむらじこれお》など、その出自が播磨と深く関わっている陰陽師の系譜の中に蘆屋道満を位置づけていることである。これらの氏族は、文献資料ではその出自をたどることはできないが、渡来系と深く関わる家系と考えられる。

陰陽師は渡来系が多かった

先に述べたように吉備と播磨は、朝鮮三国から渡来した集団の一大拠点だった。「畿内」とされた大和・山城・河内・和泉・摂津の五カ国を除けば、渡来人が「畿外」で集住したのは、北九州の諸地方とこの吉備・播磨、そして近江だった。

本書のまとめとして改めて強調しておきたいのは、奈良時代の陰陽師の多くは渡来系氏族の出であったことである。養老五（七二一）年に、学業に優れた者として六人の陰陽家が賞賜されたが、余秦勝《よしんしょう》はそのひとりだった。大宰陰陽師となった余益人《よのますひと》もその一族である。余氏は百済の王族の出で、のちに百済朝臣《くだらのあそみ》の氏姓を賜わっている。

七三〇年代の陰陽頭として「大津首《おおつのおびと》」と「高麦太《こうばくた》」が知られている。大津首はもとは義法と名乗った僧で、新羅へ留学していた。陰陽・五行説に通じていたので、還俗《げんぞく》させられて陰陽師となった。その祖は新羅の出であろう。

高麦太は、八世紀初頭の陰陽師高金蔵《こうきんぞう》の一族で、『新撰姓氏録《しんせい》』の「左京諸蕃下」に、高氏は「高麗国《こまのくに》の人で高助斤《じょきん》の後なり」とある。高金蔵は信成という名の僧侶だったが、還俗して陰陽師となった。

『続日本紀』延暦元（七八二）年に出てくる陰陽頭栄井蓑麻呂《さかいみのまろ》は、旧姓は日置《へき》氏で、高句麗系であった。その時に陰陽師だった船連《ふねのむらじ》田口は、王辰爾《おうしんに》の子孫で今来漢人《いまきのあやひと》だった。

なお賀茂保憲が陰陽頭となったあとで、惟宗《これむね》正邦・文高が陰陽頭になっているが、明法家・陰陽家として有為の人材を輩出したこの惟宗氏が、秦氏の出であったことは先にみた。斉衡《さいこう》二（八五五）年に陰陽頭となった弓削連是雄は弓削部の出とみられるが、その出生地は播磨国飾磨《しかま》郡だった。

ちょっと時代はあとになるが、元慶八（八八四）年に陰陽頭兼暦博士に任じられた家《いえ》原朝臣郷好《はらのあそんさとよし》であるが、家原氏の本拠地は河内国大県《おおあがた》郡家原（現大阪府柏原市）で、延暦十八（七九九）年に提出したその本系帳には、先祖は後漢光武帝とある。もちろんこれは仮冒であるが、はっきりと渡来系であることを表明していたのである。

ところで、道満にまつわる話が、播磨地方と深く関わる説話として語られてきたことも注目される。播磨国には、新羅の王子とされる天日槍《あまのひぼこ》の渡来説話をはじめとして、『記』『紀』『播磨国風土記』などに、播磨にやってきた渡来人の足跡が数多く記されている。蘆屋道満も、その蘆屋という姓からみて、摂津国葦屋郷（現兵庫県芦屋市）が本拠地だった葦屋漢人《あしやのあやひと》の一族にゆかりがあったと考えられる。

『新撰姓氏録』の「摂津国諸蕃」に「葦屋蔵人《くらひと》、阿智王の後なり」とある。阿智王は阿《あ》智使主《ちのおみ》で「応神紀」に出てくるが、「東漢《やまとのあや》」氏の祖とされている。さらに「村主《すぐり》。葦屋村主同祖。意宝荷羅支《おほからき》王の後なり」とあり、彼らも同族であろう。なお和泉国にも、「葦屋村主。百済意宝荷羅支王より出づ」と記されている葦屋村主がいた。「村主」は古代朝鮮語では村長の意であって、渡来系氏族に特有の姓であった。このようにみてくると、葦屋（芦屋）を名乗る一族が、西国航路の起点だった難波津の両翼の地である摂津と和泉にいたことが分かる。

浮かび上がる道満の原像

本章のまとめとして、上田家文書についての私見を述べておく。この文書は、第五章でみたように「周縁の民」の由緒書に特有の文体であって、当て字・誤字が多く読解がむつかしいが、重要なところは次の四点にしぼられる。

第一は、自分の先祖は蘆屋道満である、と正面から名乗っていることだ。晴明との縁を強調する由緒書は数多いが、私のみた限りでは、自ら道満を祖とする文書はこれだけである。

第二は、法道仙人に出会って易暦を学び、私《ひそか》に法道の弟子と号して、その法道の「道」をとり「道満」と名乗ったと、その名の由来を述べていることだ。

第三は、この後半部分で語られる「清明」と「道満」の争いは、明らかに『簠簋《ほき》内伝』を下敷きにして語られている。「晴明」ではなく、「清明」となっていることに注目したい。

第四は、冒頭にある芦屋里の「村主清太」という姓である。この村主は「すぐり」と読むのではないか。「村主」は、前述したように古い時代から渡来系として広く知られた姓である。播磨陰陽道の祖ともいうべき滋岳川人も、初めの姓は刀岐直《ときのあたい》であって渡来系と考えられる。

そのようにみてくると、蘆屋道満の系列に連なる民間陰陽師は、やはり渡来系が主力だったと考えられる。

近世に広く流布した『簠簋抄』では、〈伯道上人―吉備真備―安倍清明〉という系譜で、白狐の母から産まれた清明の絶大な呪力の由来が語られている。

それに対してこの由緒書では、〈法道仙人―村主清太―蘆屋道満〉という独自の系列が説かれている。

先にみた延宝二(一六七四)年刊の『しのだづまつりぎつね付あべの清明出生』では、道満の先祖は「蘆屋宿禰《すくね》きよふと」となっている。しかし播磨で語られてきたこの道満伝承では、「宿禰」が「村主」になっていることに注目したい。

このようにみていくと、まだ薄墨の絵のようだが、歴史の闇の中に潜んでいた蘆屋道満の原像が、この播磨の地からようやく浮かび上がってくる。

あとがき

　この二十数年、朝廷や幕府が編纂した正史にはほとんど出てこない「周縁の民」「辺界に生きる民」について、各地でフィールドワークを重ねてきた。いろんな名称で呼ばれた遊芸民をはじめ、香具師・木地師・タタラ者・家船《えぶね》漁民・サンカなどである。そのような問題関心の一環として、本書では下級の陰陽師を主題とした。

　サブタイトルからみても分かるように、本書で論じた陰陽師は、安倍晴明に代表されるような朝廷に仕えていた官人陰陽師ではない。古代からの巫覡《ふげき》の仲間とみなされ、その社会的ポジションも低いとされていた民間陰陽師である。彼らは民間信仰の最前線で、有史以前からのシャーマニズムと新しく渡来してきた民間道教系の巫術に連なる遊行者として活躍した。

　中世前期の時代では、かなりの史料が残っている官人陰陽師に比べると、民間陰陽師の関連史料はまことに微々たるもので、その実像が具体的に描かれることはなかった。

　しかし南北朝を境目にして室町時代に入ると、さまざまの史料に民間陰陽師が姿を見せるようになった。例えば当時の「職人歌合」をみれば、在地社会における農業生産力の発展、商工業の興隆とともに、遊行者や遊芸民の数が急速に増大してきたことが分かる。

彼らは、農耕を基幹とせず、雑業・雑技にたずさわり、得体《えたい》の分からぬ巫術や卑俗な遊芸を業とする「道々の者」として出てくる。そして彼らの民俗と生活は、日本文化史の負の部分とみなされ、隠微な闇の領域として歴史の深部に埋め込まれてきたのであった。

第五章から第七章にかけて論じたのだが、中世から初春の祝福芸として演じられた千秋万歳《せんずまんざい》も、「声聞師《しょうもんじ》」と呼ばれた民間陰陽師と深い関わりがあった。猿楽能にしても、〈日〉〈月〉〈星〉を神聖視し、大自然の霊力を〈陰・陽〉の気の動きとしてとらえた陰陽・五行の説と切っても切れぬ縁があった。そのことは、世阿弥の遺志を継承した禅竹の『明宿集』で端的に表徴されている。

近世に入ると、彼ら民間陰陽師は「算所」「産所」「院内」「博士」「宿」「夙」「舞村」など、それぞれの地方に特有の名称で呼ばれるようになった。その一部は、万歳からドサ回りの人形芝居や歌舞伎に進出して、その在所が「役者村」として卑賤視されるようになった。

しかし、一九三〇年代に育った私などの世代は、このような問題を、学校教育のテキストでは教えられた記憶がない。日本の中世芸能を代表する観阿弥・世阿弥の名は教えられても、彼らが渡来人の秦河勝《はたのかわかつ》を祖とし、散楽戸の系譜を引く出自であることは、全然触れられなかった。江戸時代の文化として歌舞伎や人形浄瑠璃については学んだが、彼らにまとわりついている「河原者」意識とはいったい何だったのか——そういうところは全く言及されなかった。

戦後に入って、新たな史料も次々に発掘されて研究も進んだ。民間信仰と深い関わりのある芸能史でも、広い意味で律令制以来の賤民問題が視野に入っていないと、その根にあるもの、つまり、もっとも深奥部にあるものを掘り起こせないことがはっきりしてきた。

彼らが産みだした〈遊芸の世界〉は、「既成の中心的秩序をゆるがす豊饒な闇であり、新たな混沌《カオス》を予示する周縁の世界」ではなかったか——そういう問題関心のもとに、私はこれまでの著作で周縁文化のおおざっぱな見取り図を提示してきた。そして本書では、散所非人・声聞師などと呼ばれた下級の「聖《ひじり》」が、民間陰陽道だけではなく、広く遊芸の道を切り開いていく歴史についても論じた。

日本文化史の深層には、下層の辺界の民によって担われた地下伏流が走っていた。その流れは、混沌とした暗闇の中を走り、いろんな岩盤に突き当たりながら、しだいに大きい伏流になっていった。中世の猿楽能、近世の人形浄瑠璃や歌舞伎に代表されるように、時にはハレ舞台に出たこともあったが、その多くは門付け芸や大道芸として地の底を走り抜けてきたのであった。

今日、日本の伝統芸を専門的に上演する四つの国立劇場がある。能・狂言の国立能楽堂、人形浄瑠璃の国立文楽劇場、歌舞伎の国立劇場、さまざまの大衆芸能が掛かる国立演芸場である。能・狂言の源流である猿楽能が「乞食所行」、人形浄瑠璃が「傀儡《くぐつ》芸」、歌舞伎が「河原者芸能」と呼ばれたように、それらの芸能を創造した遊芸民の出自は、まぎれもなくこの俗世の辺界に生きる人びとであった。

だが、出自も定かでない中世の声聞師が演じた「千秋万歳」から、近世の「万才」を経て今日の「マンザイ」に至る系譜に代表されるように、彼らの産みだした芸能が日本民衆文化の表看板になっていったのである。

平安期から語り継がれてきた安倍晴明にまつわるさまざまの説話は、室町期から江戸期に入ると、説経節『しのだづま』や民間陰陽道の注釈書『簠簋《ほき》抄《しよう》』にみられるように、信太の森の狐が産んだ安倍童子の物語に換骨奪胎されていった。そしてその名も「晴明」から「清明」へと変わった。

藤原道長の『御堂関白記』をはじめ、当時の貴人の日記に出てくる「晴明」と、狐の霊力を背景に紡ぎ出された「清明」とは、全くの別人格であった。

このような新しい「清明」像とともに、そのアンチ・ヒーローとして蘆屋道満説話を語り継いだのは、もちろん「晴明」の後継である土御門家の直系ではなくて、周縁の民とみなされてきた民間陰陽師系の人びとであった。

日本独自の教養体系として成立した陰陽道については、『陰陽道叢書』（全四巻）をはじめ数多くの先行的研究があるので、要所で参考文献を指摘するにとどめ、その複雑で煩瑣《はんさ》な儀礼にはこまかく立ち入らなかった。そして民衆に馴染み深かった遊行者として、また日本の遊芸の開拓者として、下級陰陽師の実像を浮かび上がらせることに問題領域を限定した。

最後に一言、弥生・古墳時代まで遡れる渡来系文化の流れの中で、彼ら「巫覡」系の活動を位置づけるべくかなりの史料を用意し、その草稿も書き上げていた。しかしそれを収録すると余りにも大部になるので、その問題は別にまとめることにした。

各地方におけるフィールドワークの際には、地元の皆さんにお世話になった。いちいちお名前は挙げなかったが、深く感謝してお礼を申し上げる。

『竹の民俗誌』以来の長いお付き合いである岩波書店の川上隆志氏には、各地への取材の同行だけではなく、適切な助言をいただいたりして大変お世話になった。厚くお礼を申し上げる。

二〇〇四年九月九日

沖浦和光

●解説 沖浦学のひとつの結晶

川上隆志

沖浦和光を一言で評すれば、人類史的視野から現代を考え続けた偉大なるフィールドワーカーと言うことができるだろう。

生前の沖浦さんの講演を聞いた人ならこうした経験をお持ちではないか。どんなテーマの講演であったとしても、まずアフリカでの人類発生から話が始まり、ユーラシア大陸に進出し、やがていくつものルートで日本列島に人類が到達し、「日本人」が形成される。まずはそうした日本人の起源から説き起こし、その後にその日の演題に添った話に入りかけたところで時間が来てしまい、肝心の話はまた次回、ということになって会場は大笑いのうちに終わる。

このことを言い換えれば、沖浦さんは常に人類史的視点から日本人や日本文化の現在を考えていたのである。そのダイナミックで柔軟な発想とワールドワイドな視野の広さは、いつも私たち周りの者を驚かし続けていた。

私が編集者として初めて沖浦さんと仕事を一緒にしたのは岩波新書の『竹の民俗誌』

だが、その取材で奈良県や和歌山県をフィールドワークした。それをきっかけにして、妻の実家が熊野の新宮にあるから、そこを拠点にして編集者や新聞記者など、差別問題や民俗学に関心のある友人を募って合宿をしよう、ということになった。はじめは五人ぐらいで始めたが、年を追うごとに参加者が増え、最後には二〇人ぐらいになった。いつしかこの会には「全国沖浦会」という名称がつけられ、日本各地はおろか、インドネシアの辺境にまでフィールドワークを重ねた。

この会はまるでヤクザ組織のような名前であるが、議論の時の沖浦親分は、ふんふんと相槌を打ちながら、謙虚にみんなの議論を興味深そうに聞き、決して異見を否定することなく、「なるほどそういうこともあるな」と常に多様な見解を取り入れながら自説を唱えていく。その結果として、差別問題をめぐる参加者の意識は深まり議論は有意義なものになっていく。全国沖浦会は、あらゆる人権問題を、美酒と新宮の海の幸を肴に論じあう楽しく充実した会となっていた。

私も何か思いつくたびに真っ先に沖浦さんに相談し、意見を聞いた。そうすると「ほう、それは面白そうやな。どや、もうちょっとやってみたらいいんちゃうか」と言ってくれ、さらに一層の広がりをもった答えが帰ってくるのだった。いつもわれわれを励まし、新たな地平へと導いてくれた。

そして沖浦さんが励ますのはジャーナリストたちだけではない。何よりも差別を受け、迫害に苦しむ人たちこそ、本当に心からの激励をする。それは被差別部落などのフィールドワークを一緒にしたときに痛感する。

沖浦さんはどんな本を書くときでも必ず作品のフィールドを実際に訪れる。本書の取材の時のことだ。陰陽師については播磨や和泉の各地を取材した後に、「そうだ、堀一郎の『我が国民間信仰史の研究』に面白い伝承が載っていた。大和の安堵《あんど》村飽波《あくなみ》というところに蘆屋道満が流されて死んだところがあるらしい。行ってみよう」と言い出した。

事前に安堵町の民俗資料館などに連絡して調査をしたうえで飽波を訪ねた。行ってみると小高い丘があり、そこには広峰神社があった。播磨の広峰神社を勧請したのである。そして資料に出ていた道満の烏帽子を探していたら、偶然近所のおばちゃんと出会って探してもらった。その時の様子は本書の第7章に詳しく出ているが、ここではひとつ、本書に書かれていないエピソードを紹介しよう。

烏帽子を出してきたおばちゃんがこう言っていた。

「なんでこんな烏帽子の骨組みがここにあるんやろう。なんか万歳とかかわりがあるんやろうとは思うけど。私ら歴史のことはようわからんので教えてください」

本文にもある通り、道満ゆかりのこの部落は「万歳」と呼ばれていた雑種賤民の人たちの集落である。おそらく長らく周りの人たちからは賤視されていたことだろう。そしてその差別の由来も当の本人たちは分からなかったのではないか。おそらくおばちゃんの質問には、言外になぜこんな差別を受けなくてはならないのか、ということが込められていたのである。その時の語り方の雰囲気でそれは十分に感じられた。

そこで沖浦さんは、陰陽師や牛頭《ごず》信仰のさわりを話したうえで、この部落が日本文化の深層に関わる重要な地であること、そしてその民俗を受け継いできた村人たちはそのことを誇るべきだということを懇切丁寧に話したのである。聞いていたおばちゃんは深く頷いていた。

被差別部落へのフィールドワークで、理不尽な差別の中で生きる人々が沖浦さんに託す言葉は、「いったいなんでわれわれは差別されなければならないのか。そのわけが知りたい」というものが圧倒的に多い。そのため沖浦さんは、さまざまな被差別部落の歴史を調べ、差別に遭いながらも凛々しく生きてきた先人を紹介し、賤民文化こそが日本文化を支えてきたのだという意義を明らかにし、そうしたことを平易な言葉で被差別部落の人たちに説いてきたのである。被差別部落の古老たちを励まし、若い人たちを勇気づけ、自らの出自に誇りを持って差別と闘うように応援してきた。沖浦学というものがあったとすれば、それを支えていたのはこうした被差別部落の人たちとの心と心の交流であった。

（出版文化論・日本文化論）

＊本書は、沖浦和光『陰陽師の原像——民衆文化の辺界を歩く』（岩波書店、二〇〇四年一〇月刊）を文庫にしたものです。

陰陽師《おんみょうじ》とはなにか
被差別《ひさべつ》の原像《げんぞう》を探《さぐ》る

二〇一七年 二 月二〇日 初版発行
二〇二四年 七 月三〇日 3刷発行

著　者 沖浦和光《おきうらかずてる》
発行者 小野寺優
発行所 株式会社河出書房新社
〒一六二-八五四四
東京都新宿区東五軒町二-一三
電話〇三-三四〇四-八六一一（編集）
〇三-三四〇四-一二〇一（営業）
https://www.kawade.co.jp/

ロゴ・表紙デザイン 粟津潔
本文フォーマット 佐々木暁
本文組版 株式会社理想社
印刷・製本 大日本印刷株式会社

Printed in Japan ISBN978-4-309-41512-3

消された覇王　伝承が語るスサノオとニギハヤヒ
小椋一葉　40735-7

出雲より出で、九州に邪馬台国を築き、内海外洋を掌握して大和に進出し倭国を起こしたスサノオ一族。二世紀に実在した巨大な王権が藤原氏の手で“神話”にすりかえられた経緯を、神社伝承を手がかりに解く。

天皇の国・賤民の国　両極のタブー
沖浦和光　40861-3

日本列島にやってきた諸民族の源流論と、先住民族を征圧したヤマト王朝の形成史という二つを軸に、日本単一民族論の虚妄性を批判しつつ、天皇制、賤民、芸能史、部落問題を横断的に考察する名著。

信長は本当に天才だったのか
工藤健策　40977-1

日本史上に輝く、軍事・政治の「天才」とされる信長。はたして実像は？その生涯と事績を、最新の研究成果をもとに、桶狭間から本能寺の変まで徹底的に検証する。歴史の常識をくつがえす画期的信長論。

サンカと説教強盗　闇と漂泊の民俗史
礫川全次　41036-4

昭和初期、帝都西北部の新興住宅地をねらう強盗が跋扈した。説教強盗妻木松吉。その兇悪な手口から捜査当局は説教サンカ説を流す。後のサンカ小説家三角寛らも関わった事件の真相を追う。

江戸の都市伝説　怪談奇談集
志村有弘〔編〕　41015-9

あ、あのこわい話はこれだったのか、という発見に満ちた、江戸の不思議な都市伝説を収集した決定版。ハーンの題材になった「茶碗の中の顔」、各地に分布する飴買い女の幽霊、「池袋の女」など。

弾左衛門とその時代
塩見鮮一郎　40887-3

幕藩体制下、関八州の被差別民の頭領として君臨し、下級刑吏による治安維持、死牛馬処理の運営を担った弾左衛門とその制度を解説。被差別身分から脱したが、職業特権も失った維新期の十三代弾左衛門を詳説。

江戸の非人頭 車善七

塩見鮮一郎 40896-5

徳川幕府の江戸では、浅草地区の非人は、弾左衛門配下の非人頭車善七が、彼らに乞食や紙屑拾い、牢屋人足をさせて管理した。善七の居住地の謎、非人寄場、弾左衛門との確執、解放令以後の実態を探る。

弾左衛門の謎

塩見鮮一郎 40922-1

江戸のエタ頭・浅草弾左衛門は、もと鎌倉稲村ヶ崎の由井家から出た。その故地を探ったり、歌舞伎の意休は弾左衛門をモデルにしていることをつきとめたり、様々な弾左衛門の謎に挑むフィールド調査の書。

異形にされた人たち

塩見鮮一郎 40943-6

差別・被差別問題に関心を持つとき、避けて通れない考察をここにそろえる。サンカ、弾左衛門から、別所、俘囚、東光寺まで。近代の目はかつて差別された人々を「異形の人」として、「再発見」する。

賤民の場所 江戸の城と川

塩見鮮一郎 41052-4

徳川入府以前の江戸、四通する川の随所に城郭ができる。水運、馬事、監視などの面からも、そこは賤民の活躍する場所となる。浅草の渡来民から、太田道灌、弾左衛門まで。もう一つの江戸の実態。

遊民の系譜 ユーラシアの漂泊者たち

杉山二郎 40953-5

傀儡子、白拍子、方術師、揚水尺、香具師、ジプシー、幻人、勧進聖……。民俗文化・芸能の媒体として、日本、朝鮮半島、中国、さらにはユーラシア大陸を漂泊した、歴史の底辺に息づく放浪の民の実態を追う。

決定版 日本剣客事典

杉田幸三 40931-3

戦国時代から幕末・明治にいたる日本の代表的な剣客二百十九人の剣の流儀・事跡を徹底解説。あなたが知りたいまずたいていの剣士は載っています。時代・歴史小説を読むのに必携のガイドブックでもあります。

部落史入門

塩見鮮一郎　　41430-0

被差別部落の誕生から歴史を解説した的確な入門書は以外に少ない。過去の歴史的な先駆文献も検証しながら、もっとも適任の著者がわかりやすくまとめる名著。

被差別小説傑作集

塩見鮮一郎　　41444-7

日本近代文学の隠れたテーマであった、差別・被差別問題を扱った小説アンソロジー。初めてともいえる徳田秋声「藪こうじ」から島木健作「黎明」までの11作。

藩と日本人　現代に生きる〈お国柄〉

武光誠　　41348-8

加賀、薩摩、津軽や岡山、庄内などの例から、大小さまざまな藩による支配がどのようにして〈お国柄〉を生むことになったのか、藩単位の多様な文化のルーツを歴史の流れの中で考察する。

真田幸村　英雄の実像

山村竜也　　41365-5

徳川家康を苦しめ「日本一の兵（つわもの）」と称えられた真田幸村。恩顧ある豊臣家のために立ち上がり、知略を駆使して戦い、義を貫き散った英雄の実像を、多くの史料から丹念に検証しその魅力に迫る。

貧民に墜ちた武士　乞胸という辻芸人

塩見鮮一郎　　41239-9

徳川時代初期、戦国時代が終わって多くの武士が失職、辻芸人になった彼らは独自な被差別階級に墜ちた。その知られざる経緯と実態を初めて考察した画期的な書。

江戸の性愛学

福田和彦　　47135-8

性愛の知識普及にかけては、日本は先進国。とりわけ江戸時代には、この種の書籍の出版が盛んに行われ、もてはやされた。『女大学』のパロディ版を始め、初夜の心得、性の生理学を教える数々の性愛書を紹介。